本书受到教育部人文社会科学规划基金项目
"晚清海权战略研究"（项目编号18YJAZH045）资助

# 民国海权战略研究

MINGUO HAIQUAN ZHANLUE YANJIU

李强华 ◎ 著

上海三联书店

# 目　录

# 第一章 导 论

## 第一节 研究背景与研究意义

### 一、研究背景

不同历史时期和不同国家对"海权"概念界定各异。海权理论创始人美国军事历史学家阿尔弗雷德·塞耶·马汉最初把海权定义为有益于一个民族利用海洋而强大起来的所有事情。[①]我国学者对"海权"概念的界定不一,笔者认同把现代中国海权视为国家主权概念的自然延伸,是指"在一定海洋空间内发挥军事、政治、外交和经济等作用和影响的能力"[②],包括"海洋权利""海洋利益"及"海上力量"三要素,其中"海洋权利""海洋利益"是目的,"海上力量"是手段,中国海权是目的与手段的统一。[③]

近代中国对海权的认知和实践经历了一个复杂的嬗变历程。

---

① [美]阿尔弗雷德·塞耶·马汉:《海权论》,范利鸿译,西安:陕西师范大学出版社,2007年版,第22页。

② 胡波:《中国海权策:外交、海洋经济及海上力量》,北京:新华出版社,2012年版,第20页。

③ 张文木:《论中国海权》,北京:海洋出版社,2010年版,第7页。

尽管中国具有陆海复合型的地缘特征,但由于中国古代自给自足的自然经济以及边防危机主要来自北部和西北边疆而非东南海疆等原因,导致国人未能形成较强的海洋意识。国人对于海洋的认知主要停留在交通运输上的"舟楫之便"、经济上的"渔盐之利"以及防御上的"天然屏障"等方面。鸦片战争以降,列强凭借其坚船利炮从海上入侵中国,在晚清覆灭前,列强先后发动了五次大规模的海上入侵。当海洋成为列强入侵中国的通途而非天然屏障之际,国人海洋意识开始觉醒并重新审视海洋对于中国政治、经济、国防等方面的意义。为了抵御外侮,晚清政府在防御战略上改变过去单纯的陆防战略为海陆兼防战略,在军备上开始筹建强大的海军,拓展了海洋经济的发展路径,并取得一定进展。直至甲午一战,北洋海军全军覆没,中国失去了防御外敌海上入侵的力量,重新陷入有海无防的局面。晚清在甲午战争失败后制定了海军重建计划,但由于后期政治动荡、财政匮乏等原因,此计划在晚清政府覆亡前也未能真正实现。晚清政府与列强签订的一系列不平等条约使得中国丧失了诸多海权,海权丧失给中国的政治、经济、国防安全等带来许多消极影响,也进一步刺激了国人对海权的认知和实践。晚清海权观念和实践经历了一个复杂的嬗变历程。晚清时期国人对海权的认知和实践之根本动力源自抵御外侮的需要,因此就海权内涵中的海上力量、海洋权利及海洋利益三要素而言,这一时期国人对海上力量的诉求是第一位的,也即建设强大的海军实现御侮之目的。随着西方海权论及国际法在中国的传播,国人对海权内涵中的海洋权利和海洋利益也有了更深的认知和诉求,并通过各种路径捍卫海洋权利和争取海洋利益。但是,总体而言,由于清政府的腐败、海上力量薄弱以及不平等条约的限制等原因,晚清在海权维护和海洋利益争取方面收效甚微,导致"自甲午战后,至民国肇始,中国领土与主权之损失,不知凡几"①。

　　民国成立之初,国际上海权竞争日趋激烈,海权竞争的中心逐渐从大西洋转向太平洋及远东地区,中国成为列强在远东海权竞争的焦点,这无疑使得中国国防安全和海权维护陷入更加严重的危机之中。比如,与列强签订的一系列不平等条约使得列强舰艇进入中国江河和海口如入无人之境,不仅近岸渔权、水道航行权、测量权等海洋权利遭受列强侵夺,而且海南诸岛等地也面临被强占的危机。一言以蔽之,近代中国成为"'欧洲列强展示野心的竞技场',在海上不断遭到侵略者的干涉和践踏,'不平等条约'让日本和西方列强在中国内陆水域耀武扬威,并不断侵犯中国的主权"②,导致民国时期的海权危机相对晚清而言更为严重。为了化解海权危机,民国在海权认知和实践方面做了一定努力,形成了不同于晚清时期的海权战略。如果说广义上的战略是指"将目标与手段相互关联并使之协调的过程"③的话,那么海权战略就是通过政治、军事、经济、外交等手段以实现维护国家海洋权益之目标的总体方案,海权战略是国家海洋战略的重要组成部分。民国海权战略需要探讨的是,处于国际海权竞争日益激烈的国际环境下以及国内海权危机重重的国内环境下,民国通过政治、外交、军事、经济、外交等手段捍卫国家海洋权益的总体方案是什么,其具体研究内容涉及海权观念的形成、海权目标的树立、海权维护和发展的举措及其制约因素、海权战略成效、民国时期中外海权战略比较以及民国海权战略对新中国海权维护和发展的影响等。

---

　　① 张忠绂:《中华民国外交史》,北京:华文出版社,2011年版,第6页。

　　② [美]詹姆斯·R.福尔摩斯、[美]安珠·C.温特、[日]吉原恒淑:《印度二十一世纪海军战略》,鞠海龙译,北京:人民出版社,2016年版,第40页。

　　③ [美]米兰·维戈:《海上战略及制海权理论与实践》,邢焕革等译,北京:电子工业出版社,2021年版,第1页。

自新中国成立以来,海洋事业逐渐受到重视。中共十六大提出"实施海洋大开发"的任务。《中华人民共和国国民经济和社会发展第十二个五年(2011—2015 年)规划纲要》第十四章"推进海洋经济发展"中提出了"坚持陆海统筹,制定和实施海洋发展战略,提高海洋开发、控制、综合管理能力"。中共十八大报告首次提出,"提高海洋资源开发能力,发展海洋经济,保护海洋生态环境,坚决维护国家海洋权益,建设海洋强国"。中共十九大报告再次提出,"坚持陆海统筹,加快建设海洋强国"。在海洋强国建设过程中,海权维护和发展是关键。中国海权战略也是国家战略的组成部分。未来中国如何维护和发展海权,离不开对近代中国海权战略经验教训的总结。民国海权战略是近代中国海权嬗变过程中重要的一环,上承晚清海权战略,下启新中国海权战略,在中国海权战略演变进程中占有十分重要的位置。相较于晚清海权战略研究而言,学界对民国海权战略缺乏足够的关注,为数不多的研究成果在研究方法上显得单一,研究视角多是历史视角,研究内容上缺乏系统性。基于此,本书通过对民国海权战略系统研究,理论上可以丰富我国海权理论的构建,拓展海权研究的视角和方法,实践上为我国海权战略的制定和实施提供决策参考和政策依据,进而为我国海洋强国建设提供创新思路。总而言之,对民国海权战略的研究具有理论和实践的双重意义,正如法国战略理论家安德烈·博富尔所言:"当历史之风吹起时,虽能压倒人类的意志,但预知风暴的来临,设法加以驾驭,并使其终能服务于人类,则还在人力范围内。战略研究的意义即在于此。"①

---

① [美]约翰·伊肯伯里:《大战胜利之后制度、战略约束与战后秩序重建》,门洪华译,北京:北京大学出版社,2008 年版,第 1 页。

## 二、研究意义

### (一) 理论意义

一方面,丰富近代海权研究的内容和方法。我国海权意识觉醒于鸦片战争以降,海权思想和实践在近代经历了复杂的嬗变历程,留下了十分重要的经验和教训,反思近代中国海权是我国海权研究不可或缺的重要组成部分。而民国海权问题又是近代中国海权演变历程的重要一环。相比晚清海权战略而言,民国海权战略的目标、措施、制约因素及其影响都呈现出新的特点,通过民国海权战略的系统梳理,可以弥补关于民国时期海权研究的不足,丰富近代中国海权研究的内容。作为国家战略重要组成部分的民国海权战略,与民国时期的政治、经济、军事、外交等有着重要的联系,通过民国海权战略研究有助于进一步了解民国政治、经济、军事、外交等策略。就具体研究方法而言,过去关于近代海权研究主要集中于历史学的研究方法。为了丰富研究方法,本书采取比较研究方法,通过把民国海权战略与同时期其他国家海权战略的横向比较及与晚清海权战略的纵向比较,凸显民国海权战略的特点。本书还加强了历史学、政治学、哲学等多学科交叉研究方法的运用,以对民国海权问题有更加丰富而深入的认知。另一方面,拓展民国时期国家战略研究的视角。本书将从政治、经济、军事、外交、文化等多个视角,对民国海权战略加以探究。更为重要的是从国际海权演变的视角审视民国海权战略,探究其在国际海权发展中的位置和特点,正如英国历史学家保罗·肯尼迪在研究英国海权时所指出的,"这样做,我们不仅解释了过去,也有助于我们更好地理解当前的世界政治"①。

---

① 〔英〕保罗·肯尼迪:《英国海上主导权的兴衰》,沈志雄译,北京:人民出版社,2014年版,第375页。

## （二）实践意义

我国当前正在加快海洋强国建设。海洋强国的内涵涉及政治、经济、军事等多个方面,其中海权维护和发展是十分重要的组成部分,"今日中国与国际体系的紧密关系是历史上前所未有的,在这种国际体系中,中国如何建设和运用海权,是关系到中国未来命运的重要问题"①。我国地缘特征和古代自给自足的经济发展模式决定了自古以来海洋意识较为淡薄,在近代遭受列强由海而来入侵之际,海权意识才真正开始觉醒,并且经历了十分复杂的嬗变历程。近代中国海权的现状对后期中国海权的维护和发展产生了重要的影响。因此,建构符合中国特色的海权理论为海洋强国建设提供理论支撑,必须厘清近代海权的嬗变历程,汲取近代中国海权嬗变留下的经验教训。民国海权战略是晚清海权战略的延续,是近代中国海权战略的重要组成部分,民国海权战略的得失成败对新中国成立后的海权维护和发展产生直接影响。研究民国海权战略,可以为当今海权维护和发展以及海洋强国建设提供历史借鉴和决策参考,包括未来中国如何夯实海上力量、维护海洋权利以及争取海洋利益,如何根据中国的地缘特征和具体国情建构具有中国特色的海权战略,民国海权战略依然有着十分重要的借鉴意义。

## 第二节　国内外研究现状述评

我国正行进在加快建设海洋强国的道路上,构建具有中国特色的海洋强国理论体系离不开对近代中国海权问题的总结和反思。过去学界关于近代中国海权问题颇有研究,学者史春林对学

---

①　师小芹:《论海权与中美关系》,北京:军事科学出版社,2012年版,第3页。

界关于近代中国海权问题研究做过文献回顾,①由于该文重点梳理了晚清海权问题研究的成果,而对民国海权问题研究的文献所涉不多,再加上近十年关于民国海权问题研究又有许多新的成果问世,因此亟须对民国海权问题研究的相关文献进行梳理,分析其研究成效及不足,并提出未来研究方向,以期为学界在研究近代海权问题时提供参考。

## 一、民国海权问题研究现状概述

民国时期各界人士对海权问题的关注始于民国初年。早在1919 年 9 月,孙中山就把海权问题上升到事关国家生死存亡的高度加以审视,他提出了"争太平洋之海权,即争中国之门户权耳"②的论断。随着 1927 年 12 月《海军期刊》首次把马汉的《海权对历史的影响(1660—1783)》核心内容译介给国人,中国社会各界对海权的关注度急剧上升。自 20 世纪 30 年代始,学界对海权的讨论明显增多,"到 1933 年,由于'九小岛事件'的影响,期刊杂志对海权的关注迎来高潮。此后随着太平洋战争的演进以及战争结束后中国收复南海诸岛主权,期刊杂志对海权的关注热度一直延续"③。抗日战争时期,中国海疆丧失加深了国人对马汉海权论的认识和感受。抗战胜利后,由于海军建设受到遏制,国人对海权的讨论接近尾声。④直至 20 世纪 90 年代,随着海洋世纪的来临,中

---

① 史春林:"1990 年以来中国近代海权问题研究综述",《史学月刊》,2009 年第1 期。

② 中国社科院近代史所:《孙中山全集》(第五卷),北京:中华书局,2006 年版,第119 页。

③ 夏帆:"论民国知识阶层的海权认知与宣传",《边界与海洋研究》,2019 年第5 期。

④ 翁军、马骏杰:《民国时期中国海军论集》,济南:山东画报出版社,2014 年版,第 5—6 页。

国海洋事业有了新的发展,业已存在的海洋争端问题继续存在且变得更加复杂,海洋事业的发展带来了海洋权益内涵和外延的不断变化,海权问题再次激发学界的研究兴趣。近代中国海权问题是中国海权演变的开端,自然受到学界的重视。作为近代中国海权嬗变历程中的民国海权问题也随之受到关注。近年来学界在民国海权研究方面也取得了前所未有的成果。

首先,整理了有关于民国海权维护及海军发展的资料汇编。学界整理的南海诸岛史料汇编主要有陈天锡编著的《西沙岛东沙岛成案汇编》、韩振华主编的《我国南海诸岛史料汇编》、门贵臣等编著的《民国报刊载南海史料汇编》,这些汇编为探究民国南海诸岛的主权维护提供了珍贵的史料。海军史料汇编方面主要有杨志本主编的《中华民国海军史料》、苏小东编著的《中华民国海军史事日志(1912.1—1949.9)》、马骏杰等编著的《民国报刊载海军史料汇编》《郭寿生海军研究文集》、高晓星编著的《陈绍宽文集》以及翁军、马骏杰编著的《民国时期中国海军论集》《民国时期外国海军论集》等,如上汇编为研究民国海军发展、民国海军在海权维护中的作用以及民国时期国外海军的发展提供了丰富的资料。

其次,出版了研究民国海军发展和渔权维护等方面的著作。陈书麟、陈贞寿编著的《中华民国海军通史》、陈书麟著的《陈绍宽与近代中国海军》、苏小东著的《中国海军抗日战争史》、陈悦著的《民国海军舰船志》、马幼垣著的《靖海澄疆——中国近代海军史事新诠》等著作梳理了民国海军的演变历程、参加抗日战争的过程、抗战期间中国海军驻守香港始末以及海军界重要人物对海军建设的历史贡献等。李士豪著的《中国渔业史》《中国海洋渔业现状及其建设》探讨了民国时期渔政设施、渔业实验与调查、水产教育、水产贸易、日本在中国沿海的侵渔状况及中国为维护渔权做出的应对等。尽管如上著作的部分章节对民国海权问题有过探讨,但终究不是对民国海权问题作专题研究,国内至今尚无一部系统研究民国海权问题的专著问世。相比而言,已有专著对晚清海权问题作了研究,拙著《晚清海权战略研究》①对晚清海权的嬗变历程、主要内容、制约因素及其影响作了系统梳理。因此,对民国海权问题作专题研究具有十分重要的学术价值。

再次,发表了不少研究民国海权问题的论文。这些论文主要探讨了民国时期的海军建设、海军在抗日战争和维护海权中的作用、海权观念嬗变、海洋权利维护实践、典型人物的海权思想和实践等。关于民国海军建设与参战的论文约有 20 余篇,主要涉及海军人才培养、装备建设、经费筹集、战略战术及派系形成等问题;关于民国海权观念的论文约有 10 余篇,主要涉及马汉海权观念在中国的传播和影响、海权的认知和宣传、海权与空权之争、民国报刊的海权观等问题;关于海权维护的论文约有 40 余篇,主要涉及南海诸岛主权维护、领水权收复、渔业权维护等问题;关于典型人物海权思想和实践的论文约有 10 余篇,主要研究了孙中山、张謇、陈独秀、陈绍宽、蒋介石、郭寿生等人物的海权思想和实践。不难发现,就海权内涵的海上力量、海洋权利及海洋利益三要素而言,关于海权维护和海军建设等论文所占比重较大,关于海洋开发和利用的论文较少,关于民国海权与晚清海权的比较以及民国海权与外国海权比较的论文几乎是空白。

## 二、民国海权问题研究成果述评

民国海权问题研究集中于海权观念、海军建设、海洋权利维护以及典型人物海权思想和实践等四个方面,以下择其要者加以

---

① 李强华:《晚清海权战略研究》,北京:海洋出版社,2020 年版。

评述。

### (一) 关于民国海权观念的研究

近代中国海权观念形成于鸦片战争以降，对海权内涵经历了海上力量、海洋权利、海洋利益逐渐深入的认知过程。随着西方海权论在中国的进一步传播以及海权危机的日益凸显，民国海权观念的内涵相对晚清而言变得更加丰富。

首先，关于马汉海权理论传播和影响的研究。西方学者指出，马汉的海权论着重考察了 16 世纪至 19 世纪早期这一特殊历史时期和英国、西班牙、荷兰、法国等特定国家，正是这些特定国家在这段历史时期发展了自己的殖民帝国和海上帝国，因此需要注意这种在历史上和地理上的特定性，并且据此对马汉的许多假设的普世性存有质疑。①换言之，马汉海权论是特定历史条件下的产物，其理论不具有普世性。马汉海权论在中国的传播始于 1900 年，马汉的著作《海权对历史的影响》第一章以"海上权力要素"在上海中文月刊《亚东时报》连载，国人开始对西方海权论有了初步认知。甲午战争后国人用马汉海权理论指导海军重建以实现争夺制海权的目的。由于晚清后期政治动荡等原因，直至清朝灭亡，重建海军以争夺制海权的战略目标都未得以实现，再加上马汉海权论传播的范围主要局限于知识界和海军界，普通大众并未熟知，这也无疑限制了马汉海权理论在晚清的传播和影响。民国时期，马汉海权理论继续在中国传播并对国人海权观念的深化产生了重要影响。夏帆认为新的环境促使民国知识阶层对马汉海权理论再认识，当时人们最为关注的是海权理论中的海军建设、海权与国家盛衰以

① ［英］保罗·肯尼迪:《英国海上主导权的兴衰》,沈志雄译,北京:人民出版社,2014 年版,第 8—9 页。

及海权理论的时代适应性等问题,对这些问题的关注目的是指导中国海军建设。①鞠海龙也认为,"由于马汉海权论的翻译和流行,中国海军界很多人在探讨海军建设和海军战略时,都不自觉地运用了马汉海权论的一些原理。例如在强调海洋与中国关系时很多人都将海权、海军放在了首位。"②由于马汉海权论的扩张性和强权特质终究有别于中国海权思想的本土防御特质,因此高月认为马汉海权理论不适用于中国,中国在马汉海权论传入前已经产生了自己的海权思想,尽管马汉海权论对近代中国海权理论建构产生一定影响,但由于中国海权思想与马汉海权论的特质不同,所以不能无限夸大马汉海权论对中国海权理论建构的影响。③由上述研究不难看出,关于马汉海权论在近代中国的传播和影响的研究,更多地集中于讨论国人如何译介马汉海权论,研究缺乏中外比较的视角,尤其缺少关于马汉海权论在中日两国传播及影响的比较研究,这样就难以对西方海权论对中国与其他国家影响的差异表现、造成这一差异的原因何在、这种差异带来何种结果及其对中国海权发展有何影响等问题作深入的探究。

其次,关于海权内涵认知的研究。事实上,西方学术界早期对"海权"概念也未能给予清晰的界定,甚至马汉本人一开始也没有力图界定"海权"的含义,"尽管'海权'在海军官兵、政治家、战略家和历史学家的语言中已成为一个通俗词汇,但目前人们仍很难用几句话来准确界定'海权'的确切含义,即使那些已经尝试这么做

---

① 夏帆:"论民国知识阶层的海权认知与宣传",《边界与海洋研究》,2019年第3期。

② 鞠海龙:《亚洲海权:地缘格局论》,北京:中国社会科学出版社,2007年版,第5页。

③ 高月:"近代中国海权思想浅析",《浙江学刊》,2013年第6期。

的学者通常都会很快在各种定义后加上很多限制条件及各种进一步的评论。他们这么做实际上是承认这个话题的复杂性"①。近代中国对海权的认知经历了一个从被动到主动、从模糊到清晰、从片面到全面的复杂嬗变历程。黄娟认为到了20世纪40年代,国人才对海权内涵的理解涵盖了海军军事力量、制海权、海洋经济利益等,经过补充和完善后逐渐成为今天理解的海权。②事实上,国人对于海权内涵的理解是个不断丰富的过程,早于20世纪40年代,国人所理解的海权内涵已经涉及了海上力量、海洋权利及海洋利益三要素,三者交织在一起,只是不同阶段关注的侧重点不同。一是作为海洋权力之海权,朱大伟认为抗战时期中国知识界所认知的海权是包括了海上战斗力、控制力以及航运力等多元权力范畴。③赵建国认为民国报刊在讨论渔权和海权关系时提到的"兵力之所及,即为权力之所及"就是从海洋权力的视角认知海权。④夏帆认为民国知识界看待海洋的视角发生变化,从海洋权力视角看待海洋表达了国人控制海洋的夙愿。⑤二是作为海洋权利之海权,赵建国认为随着列强侵渔事件的发生,民初开始认识到海权的"更为本质的'邻海主权'"意义。⑥夏帆认为民国对海道测量权以及南海诸岛主权等海洋权利的收回与维护,体现了国人海洋维权意识

① [英]保罗·肯尼迪:《英国海上主导权的兴衰》,沈志雄译,北京:人民出版社,2014年版,第1页。

② 黄娟:"中国近代'海权'概念的形成及演变探析",《科学·经济·社会》,2015年第2期。

③ 朱大伟:"抗战时期中国知识界的海权与空权之论争",《边界与海洋研究》,2017年第3期。

④⑥ 赵建国,夏天:"'渔权即海权':民初报刊的海权观",《新闻春秋》,2019年第6期。

⑤ 夏帆:"论民国知识阶层的海权认知与宣传",《边界与海洋研究》,2019年第3期。

觉醒和能力提升。①民国时期从主权视角看待海权,无疑是对过往单纯从军事视角下认知海洋权力的超越。三是作为海洋利益之海权。赵建国认为民国报刊呼吁"振兴渔业,保全海权"体现了民国对海洋经济利益的诉求,发展渔业以促进实业经济发展可以解决渔民生计的来源,所以必须"扩充渔业,保存利权"②。随着列强不断加剧对中国渔业资源和海洋运输业的侵夺和控制,国人逐步认识到海洋的经济价值,也试图通过多重途径去发展海洋经济。总之,民国时期国外海权理论的传播与列强对中国海权的进一步侵夺,激发了国人对海权的不同诉求,对海权的不同诉求又促使国人对海权的进一步探讨,二者相互促进和相互影响。由此可以看出,如上论断与有学者作出的民国时期"真正的中国海权概念并不存在"③的论断是不一致的。产生不一致的主要原因是不同学者在讨论这一问题时,所使用的海权概念内涵不一。因此,当我们在讨论中国海权概念的形成时间时,首先要明确海权概念与海权观念之间的关系,其次要明晰海权概念和海权观念的具体内涵。关于此问题,后文还会作进一步的梳理。

再次,关于海权、陆权、空权论争的研究。中国自古以来边防危机主要来自北部边疆和西北边疆,海疆危机从未在中国历史上真正出现过。晚清时期海防和陆防的双重危机引起了海防与塞防之争,如何平衡陆权和海权的发展问题成为中华民族面临的崭新课题。晚清政府组织朝野上下进行数次大讨论,最终做出了"海防

---

① 夏帆:"论民国知识阶层的海权认知与宣传",《边界与海洋研究》,2019 年第 3 期。

② 赵建国、夏天:"'渔权即海权':民初报刊的海权观",《新闻春秋》,2019 年第 6 期。

③ 石家铸:《海权与中国》,上海:上海三联书店,2008 年版,第 32 页。

与陆防并重"的战略防御决定,对海权的重视达到了前所未有的高度。到了民国时期,世界军事技术发展迅速,飞机在军事中广泛运用。对于中国而言,除了晚清以降的海权与陆权之争外,又多出了陆权、海权及制空权之争,社会各界人士关于海、陆、空权的重要性各抒己见,意见纷呈,由之引出了对海、陆、空军建设重视程度的不同。就各军种在战争中的作用而言,多数人认为海、陆、空军是一体的,都应该受到重视,不能厚此薄彼。陈绍宽认为空军固然重要,但也无法离开海军的支持,"第从整个战略而论,空军诚属辅助海军作战的新利器,但不能代替海军所执行的任务,而且空军如欲活动于海外,须赖海军力量为之缩短距离,更赖海军运输为之接济。"①民国海军军官曾国晟早在论国防的"统一"性中指出,由于现代战争在形式上是"立体"性的,因此在组织上应当坚持陆海空力量的统一,去"海"或"空"或"陆",都不成其为国防。②朱大伟梳理了民国知识界优空与优海之争的起源、内涵及维度,认为双方的分歧只是在于海、空军建设的先后次序及重心偏向上,就海空协同作战必要性的认识是一致的,争论对国人形成理性的海权观和空权观有着推进作用。③总而言之,民国各界人士关于海、陆、空军建设之争,其实质是在军费有限的条件下如何平衡海权、陆权、空权发展的关系,这既是晚清海防与塞防之争的延续,又是在新的历史条件下为了应对世界军事发展而对中国地缘战略未来走向的探讨。

---

① 高晓星:《陈绍宽文集》,北京:海潮出版社,1994年版,第310页。
② 翁军、马骏杰:《民国时期中国海军论集》,济南:山东画报出版社,2014年版,第283—286页。
③ 朱大伟:"抗战时期中国知识界的海权与空权之论争",《边界与海洋研究》,2017年第3期。

### （二）关于民国海军的研究

拥有一支强大的海军是海权维护和发展的重要保障。学界关于民国海军的研究集中于民国海军建设、民国海军学术发展以及民国海军在抵御外侮中的作用等方面，关于民国海军研究是民国海权研究最为集中的部分。

首先，关于民国海军建设的研究。关于舰艇建设方面，学者通过研究，普遍认为总体建设成效不明显。仲华对 1931—1937 年国民政府海军的舰艇建设、海军航空建设进行了探究，认为由于得不到国民政府的重视和支持，使得中日海军依然存在较大的差距，进而决定了中国海军在"九二三之役"的失利。①关于海军教育方面，笔者对民国海军教育进行了总结，"民国政府通过改造旧学堂、创办新学校以及选派留学生等途径培养具有勇敢强毅之精神且掌握现代化军事技能的新型复合型应用人才。各海军学校在汲取本国传统人才培养经验的基础上效法西方海军人才的培养模式、确立培养目标和规格、选择教学内容和课程体系、制定评估标准和管理制度。相比晚清而言，民国海军人才培养成效显著，为海军建设奠定了基础，在抗日战争中发挥了重要作用。民国海军人才培养依然面临着观念束缚、体制羁绊、财政支绌等困境，进而制约了海军人才培养的规模和质量。"②元青、王建明梳理了民国时期留日海军在参与海军教育及促进近代中国海军学术事业发展等方面的重要贡献。③关于海军经费方面，高晓星对抗战前国民政府海军军费

①　仲华："1931—1937 年间国民政府海军建设述论"，《南京政治学院学报》，2004 年第 5 期。

②　李强华："民国海军人才危机及其应对方略"，《宁波大学学报（教育科学版）》，2021 年第 6 期。

③　元青、王建明："近代中国海军留日教育及其影响"，《徐州师范大学学报（哲学社会科学版）》，2006 年第 1 期。

问题进行了梳理,认为经费短缺是制约海军建设的主要因素。①关于海军派系形成方面,韩真以北伐战争前、北伐战争后、抗日战争前三个时间段,系统梳理了闽系、青岛系、粤系海军的渊源和演变历程。②黄山松梳理了抗战期间民国海军学校由马尾、青岛、黄埔、电雷等四所海军学校合并为青岛海军学校和马尾海军学校的演变历程。③总之,尽管学界关于民国海军建设研究成果颇丰,但是依然存在以下问题:一是主要局限于历史学的视角,对海军建设的过程进行梳理,缺乏军事学的视角对海军建设成效进行评判;二是缺乏纵向与横向的比较研究,缺乏与晚清海军建设的纵向比较以及与同时期国外海军建设的横向比较,未能构建民国海军建设成效的评价体系,难以对海军建设及其作用给予客观评价;三是缺乏微观研究和量化研究方法的使用,使得研究成果不够具体;四是关于民国海军建设的不足及其对当代中国海军建设的启示意义,缺乏深入研究。

其次,关于民国海军学术的研究。皮明勇对抗日战争前后的中国海军学术研究进行了综述,内容涉及学术书刊出版和学术队伍情况、海权理论与海军军制基础理论研究等方面。④从国内影响因素看,皮明勇认为由于国内政治斗争和军阀混战使得国内海军学术队伍开始萎缩,研究重心也从研究海军建设理论转向研究海军作战理论。⑤从国外影响因素看,翁军、马骏杰认为西方海军由

① 高晓星:"抗战前南京国民政府的海军经费问题",《军事历史研究》,1992年第1期。
② 韩真:"民国海军的派系及其形成",《军事历史研究》,1992年第1期。
③ 黄山松:"抗战期间民国海军的整合",《中共浙江省委党校学报》,2006年第6期。
④ 皮明勇:"抗日战争前后中国海军学术述论",《军事历史研究》,1994年第3期。
⑤ 皮明勇:"民国初年中国海军战略战术理论述论",《军事历史研究》,1994年第2期。

近代化向现代化转型引起了中国海军学术界的共鸣，海军建设与
海防建设的关系、海权、陆、海、空三军的平衡发展、海军战略战术、
海军人才培养等问题成为海军学术界关注的焦点。①丁一平认为
对世界各国海防、海军建设规律、海军战略战术运用及其经验教训
的总结也是民国海军学术研究的重要组成部分。②总之，学界关于
民国海军学术的研究还缺乏系统性，在进行微观研究时忽视了宏
观的整体把握，没有把海军学术研究放在民国学术史演变过程中
加以把握，往往是就事论事，缺乏合理的价值评价。同时，也缺乏
与晚清海军学术及同时期其他国家的海军学术进行纵向和横向的
比较研究，在呈现凸显民国海军学术研究特点的基础上对其得失
成败加以评价。

再次，关于民国海军参与抗日战争和参与内战的研究。学者
基本上肯定了民国海军在抵御外侮中的铁血激情。苏小东的专著
《中国海军抗日战史》再现了民国海军从1931年"九一八事变"到
1945年8月抗战胜利后参与受降、收复台湾及海南诸岛的过程，
在客观评价了民国海军在抗战中的作用及其战略取向的内外错位
的基础上，反思了海防与海权的本质区别。③马骏杰认为"一二八
事变"过程中海军的不抵抗表现，不应归罪于海军本身，而应当归
罪于统治海军的国民政府。④史滇生梳理了民国海军参与反共内
战的历史及海军参战的特点，认为海军充当国民党政府反共的工
具，决定其必然溃败的命运，同时肯定了民国海军在收复西沙、南

① 翁军、马骏杰:《民国时期中国海军论集》,济南:山东画报出版社,2014年版,第14页。
② 翁军、马骏杰:《民国时期外国海军论集》,济南:山东画报出版社,2015年版,第1页。
③ 苏小东:《中国海军抗日战史》,北京:人民出版社,2017年版。
④ 马骏杰:"一二八事变中的中国海军",《抗日战争研究》,2003年第1期。

沙诸岛礁过程中发挥的作用。①总之,学界充分肯定了民国海军在抵御外侮中的作用,但是研究缺乏比较的视角,未能比较甲午中日战争和抗日战争中的海军实力、战略战术运用以及面对的敌方实力等方面的差异,以客观评价民国海军在御侮中的策略与作用,进而对民国海军建设的总体成效加以评判。

### (三) 关于民国典型人物海权思想和实践的研究

相比晚清而言,民国各界人士对海权的关注更加深入和系统,在对中国海权危机进行深入分析的基础上,给出了海权维护和发展的对策建议,标志着中国海权观念和实践较晚清有了更大的突破,在海权思想和实践方面产生较大影响的典型人物包括孙中山、张謇、蒋介石、陈绍宽等。学界对这些典型人物的海权思想和实践有一定的研究。

首先,关于孙中山海权思想和实践的研究。随着国际海权竞争由大西洋转向太平洋,中国海权陷入严重危机,孙中山发出了"伤心问东亚海权"的喟叹,对海权的重要性有着较为系统的论述,对中国如何维护海权给出了具体建议。孙中山的海权思想和实践对近代中国海洋意识的提升和海权观念的演进产生了十分重要的影响。过去学者主要研究了孙中山海权思想形成背景、内容及其局限性。鞠海龙认为,与西方殖民主义国家的海权不同,孙中山的海权观是以应对侵略的战略防御为目标。②笔者认为孙中山顺应了 20 世纪初世界海洋战略竞争的大前潮,从思想和实践两个方面展示了他对海权的高度认知和积极应对,成为近代中国海权观形

---

① 史滇生:"民国海军参加反共内战历史概述",《军事历史研究》,1991 年第 4 期。

② 鞠海龙:《亚洲海权:地缘格局论》,北京:中国社会科学出版社,2007 年版,第 5 页。

成的重要标志。以地缘政治为视角,孙中山对海权与国家政治、海权与国家经济、海权与国家安全、海权与社会进步的真知灼见,无疑拟就了一幅具有现代科学意识和战略高度的海权观,这既是对中华民族传统的"重陆轻海"观念的深沉反思,又是引导中华民族走向海洋强国之路的思想宝库。[①]谢茜、夏立平认为,孙中山对中国海权问题思考的基础建立在对马汉海权论的认知和对中国海权缺失的现实反思,孙中山海权思想的内容包括将海权问题上升到国家战略问题、以强大的海军作为中国海权的先导、多行业共同构筑中国海权基础。[②]史春林认为孙中山海权观形成的历史背景是西方海权论的兴起和清末海权意识的觉醒,其历史意义表现为将海权与国力兴衰强弱相联系、提高中华民族海权意识、注重周边安全环境分析以及彰显务实性等。[③]孙中山海权思想是其思想体系重要组成部分,难以避免时代局限性。比如,有学者指出了孙中山海权思想缺乏可操作性、缺乏对陆海权结合思考等局限性。石家铸认为民国时期的海权思想以孙中山的海权思想为代表,其海权思想代表了 20 世纪初中国产生的海权新思想,但没有产生大的影响。[④]总之,学界基本肯定了孙中山海权思想和实践在近代海权思想嬗变中的重要性,但是关于孙中山的海权思想研究,缺乏比较研究的视角,比如可以与张謇海权思想进行比较,以凸显孙中山海权思想和实践的不同之处。同时,未能把孙中山的海权思想和实践放在其整个思想体系中加以审视,辨析其海权思想与其政治、哲

① 李强华:"地缘政治视角下的孙中山海权思想探析",《太平洋学报》,2011 年第 12 期。

② 谢茜、夏立平:"孙中山的海权思想刍议",《边界与海洋研究》,2020 年第 3 期。

③ 史春林:"孙中山海权观评析",《福建论坛·人文社会科学版》,2008 年第 3 期。

④ 石家铸:《海权与中国》,上海:上海三联书店,2008 年版,第 32 页。

学、经济、军事、外交等思想之间的关系，从而对其海权思想和实践
有着更加具体的认知，进而挖掘其现实意义。

其次，关于张謇海权思想和实践研究。笔者认为张謇海权思
想和实践形成于世界海权争霸和中国海权危机的背景之下，是其
救亡思想和实践的重要组成部分，主要内容包括发展渔业以维护
海洋权利、发展海洋实业以争取海洋利益、重建海军以捍卫海权，
在近代中国海洋意识提升、海洋权利维护、海洋经济发展、海洋人
才培养等方面产生了弥足珍贵的影响，彰显了认知上的世界眼光、
实践上的务实品格、战略上的"以战为和"的特点，对当今中国海权
维护和发展有着重要的启示，必须全面提升国民海洋意识、重视渔
权的争取和维护以及努力建设一支现代化的强大海军。①韩兴勇、
于洋认为张謇为我国海洋渔业事业发展、培养国民重视海洋意识
等方面做出了重大贡献。从开发海洋资源，以海洋经济作为今后
我国国民经济发展的一个重要方面的趋势来看，张謇和海洋渔业
的关系研究可以为我们提供借鉴。②林彬认为张謇在探索救国强
国之路过程中对海洋的重要性产生了深刻的认识，形成了较为系
统的新型海洋观，具体包括治海军以防卫海洋、护渔权以维护海
权、兴实业以海洋富国、开商埠以开放图自强、办院校以科教兴海
洋等丰富的内容，是其"父教育而母实业"强国梦的重要组成部
分。③总之，学界关于张謇研究更多集中于其实业救国方面，对其
海权思想作专题研究极少，为数不多的研究主要采用历史学的研
究方法，偏向历史材料的梳理，缺乏与其他著名人士海权思想进行

---

① 李强华："张謇海权思想和实践：内容、特点及启示"，《鲁东大学学报（哲学社会科学版）》，2020年第4期。

② 韩兴勇、于洋："张謇与近代海洋渔业"，《太平洋学报》，2008年第7期。

③ 林彬："张謇海洋观的演变与内涵研究"，《航海教育研究》，2021年第3期。

比较研究，难以凸显其海权思想和实践的特色。未能把张謇海权思想放在其整个思想体系加以审视，在肯定其价值意义的同时，对其局限性的讨论则明显不足，降低了研究成果的理论深度。

再次，关于陈绍宽海权思想和实践的研究。陈绍宽是民国海军杰出将领，面对中国的海洋主权不断遭到帝国主义列强的野蛮侵夺，陈绍宽痛心疾首，"他忠实地继承了伟大的民主主义革命家孙中山的海权思想，为彻底夺回被外国强盗侵占的中国海洋主权而坚持不懈地努力奋斗"[1]。关于陈绍宽的海防思想，曹敏华认为其海防思想是对孙中山海防思想的继承和发展，核心内容是海权观，实现海防途径是建立一支强大的海军。[2]关于陈绍宽的海军建设思想，韩真认为陈绍宽不仅促成了海军部的成立，而且在舰艇建设、海军教育、海军规章制度建设等方面取得了不易的业绩。[3]江圣认为陈绍宽把海军建设与维护国家主权、提升我国国际地位、确保亚太海域和平稳定结合起来，对当今我国海军建设具有重要的理论和实践价值。[4]关于陈绍宽的海权理论与实践，赵书刚认为陈绍宽认识到中华民族复兴、经济贸易发展及国防安全都与海权相关，把争夺制海权作为海军作战根本目的和基本指导原则。[5]邓兆祥认为陈绍宽的爱国主义思想集中反映在他对中国海洋主权的关切上并亲身投入到争夺海权的战斗中。[6]总之，由于陈绍宽的特殊

① 高晓星：《陈绍宽文集》，北京：海潮出版社，1994年版，第1页。
② 曹敏华："陈绍宽海防思想简论"，《福建论坛·人文社会科学版》，2003年第5期。
③ 韩真："陈绍宽与国民政府海军部"，《漳州师范学院学报》（哲学社会科学版）》，2002年第4期。
④ 江圣："试论陈绍宽海军建设思想"，《福建社会主义学院学报》，2013年第4期。
⑤ 赵书刚："抗战时期陈绍宽的海权理论与实践"，《郑州大学学报》（哲学社会科学版），2015年第4期。
⑥ 高晓星：《陈绍宽文集》，北京：海潮出版社，1994年版，第1—2页。

身份使其在近代海军发展过程中处于十分重要的位置,学界对其研究相对较多。学界对陈绍宽的海权思想研究还存在以下几个问题:一是多数从正面肯定了陈绍宽的海权思想,而对其忽视海战新技术以及人民群众力量等局限性缺乏必要的探讨;二是缺乏与同时期其他关注海权的典型人物如陈寿生等人的比较,以彰显陈绍宽海权思想和实践的特点;三是缺乏对陈绍宽海权思想在不同历史阶段的演变加以深入分析,未能勾勒其海权思想变化的逻辑并分析其原因;四是未能从世界海军发展和海权演变的视角,审视陈绍宽的海军建设和海权思想,从而对其给予客观的评价。

最后,关于蒋介石海权思想和实践的研究。由于蒋介石的特殊身份,其海权思想进步与否会对民国海权战略形成产生重大影响。一方面,蒋介石所持的"陆主海从"偏见限制其对海军重要性的认知。高晓星认为蒋介石背叛了孙中山海防思想,民国政府成立之初,蒋介石空议海防以装潢门面并认为海防可以用陆军和空军实现而非海军。蒋介石轻视海军建设的思想根源在于受到传统重陆轻海国防观影响。①另一方面,蒋介石"攘外必先安内"思想限制了海军发展。翁军、马骏杰认为蒋介石不可能真正从甲午战争中汲取教训而加强海军建设,因为其注意力始终集中在内战中如何巩固自己的政治权力,而非关注对外反侵略战争的成败,海军作用难以凸显,因此海军建设失去了内在驱动力。②总之,学界关于蒋介石海权思想研究较少,未能把蒋介石的海权思想和实践放在其战略思想体系中加以审视,并做出客观评价。与此同时,相关研究忽视了蒋介石海权思想和实践对于中国海权及国防事业发展的

① 高晓星:"评蒋介石的海防言论和行动",《军事历史研究》,1995 年第 4 期。
② 翁军、马骏杰:《民国时期中国海军论集》,济南:山东画报出版社,2014 年版,第 3 页。

影响。

### （四）关于民国海洋权益维护的研究

民国时期随着帝国主义列强对中国海洋权益的进一步侵夺，国人着力通过各种途径去收复和捍卫海洋权益，并取得了一定的成效，但也暴露了一些问题，学界也从不同角度对此做了深入研究。

首先，关于海洋渔业和海洋运输业权益维护的研究。一是关于海洋渔业权益维护。柴鹏辉以日本的渤海侵渔事件为案例，认为北洋政府通过外交和武力手段捍卫渤海领海权的过程，标志着中国海洋观念向现代海洋观念转变。[①]杨文鹤、陈伯镛认为民国出台的《渔业法》、领海宽度等政策和法规对维护海洋权益有积极意义。[②]李士豪认为外人侵渔不但影响我国渔业，而且损害我国主权，因为渔权是国家主权的重要组成部分。[③]李士豪、屈若搴充分肯定了民国政府的渔业现状调查、渔业金融周转、水产教育普及等措施在维护渔业权中的作用。[④]二是关于海洋运输业权益维护。民国远洋运输航线遭到列强尤其是日本的阻断，给民国海洋运输业的发展带来诸多障碍。李玉铭重点考察了抗日战争时期上海连接外洋的航线，并认为抗日战争爆发后日本没有阻断上海连接外洋的远洋航线的根本原因有二：一是日本把上海作为物资来源的中转站，从而实现"以战养战"之目的；二是为了缓和因垄断长江航运而造成的日本与美、英、法等国在华的紧张关系。日本保证上海

---

① 柴鹏辉："北洋政府对渤海领海权争端的应对——以中日渔业纠纷为中心"，《日本侵华南京大屠杀研究》，2019 年第 4 期。
② 杨文鹤、陈伯镛：《海洋与近代中国》，北京：海洋出版社，2014 年版，第 426 页。
③ 李士豪：《中国海洋渔业现状及其建设》，北京：商务印书馆，1936 年版。
④ 李士豪：《中国渔业史》，郑州：河南人民出版社，2018 年版。

远洋航线的畅通,客观上促进了上海的繁荣与发展。①总之,尽管学界对民国时期海洋渔业和运输业的发展进行了深入的探讨,但是依然存在诸多不足。首先,缺乏比较的视角。研究缺乏纵向上与晚清比较以凸显民国时期在海洋渔业和海洋运输业权益维护方面的进步和不足,横向上缺乏中外比较,比如可以把民国海洋渔业和海洋运输业权益维护与同时期的日本进行比较,探究民国海洋渔业和运输业的发展究竟受到哪些主客观因素的影响和制约,从而进一步总结经验教训。其次,学者主要关注政府的具体举措,对民间力量在海洋渔业和运输业发展中的作用缺乏探讨,而事实上民间力量在海洋渔业和运输业的发展发挥了不可忽视的积极作用。

其次,关于海界划定和海权收复的研究。关于海界划定的研究,学者普遍肯定了成立海界委员会的意义。陆烨认为海界委员会的决策过程和组织机构反映了民初中国民族主义和遵循国际秩序交织下的海权意识及中国海权维护体制的成熟。②关于海权收复的研究,学界主要探讨了海道测量权、引水权、航权收复的艰难历程。任唯铿梳理了民国时期收回引水权进行的斗争历程。③郭渊认为北京政府认识到了海道测量权对于维护海权的重要性,设立了海道测量局并收复列强窃取的测量制图主权,显示了中国政府开始对领海制度的重视。④刘利民认为20世纪初年中国航权意识逐渐产生,到了民国北京政府时期,收回航权成为政治运动。⑤刘利民

① 李玉铭:"抗日时期上海远洋航运探析(1937—1941)",《史林》,2017年第2期。
② 陆烨:"海界委员会与民初海权意识",《史林》,2014年第6期。
③ 任唯铿:"帝国主义劫夺我国引水权的始末",《学术月刊》,1961年第9期。
④ 郭渊:"民国时期政府对邻海制度的讨论及对海洋权益的维护",《社会科学辑刊》,2017年第6期。
⑤ 刘利民:"论晚清时期的航权观念与民族航运事业发展关系",《晋阳学刊》,2018年第2期。

还梳理了 1909—1931 年中国收回部分海关代办航政管理权过程，改变了航政管理受外人控制的局面。①总之，如上研究主要停留于史实的梳理，缺乏多学科交叉研究方法和中外比较视角的运用，难以从宏观上对其进步意义和教训做出客观的评价，对其给当今我国海权维护提供何种启示挖掘得不够深入。

再次，关于南海诸岛海权维护的研究。南海诸岛自古以来就是中国领土的一部分，"这不仅有古今中外的大量史料、文件、地图和文物可作证明，而且也为世界上许多国家和广泛舆论所承认。在近代历史上，这两个群岛虽曾一度被外国非法侵占，但并不能改变它们属于中国的历史事实和法理基础"②。与南海诸岛遭到列强侵夺相伴随的是国人对其主权的积极捍卫，学者对此也做了相关研究。一是关于南海诸岛主权归属问题的研究。程玉祥梳理了 20 世纪 30—40 年代国民政府对南海地图的绘制与审定过程。③林金枝、李国强、郭渊等考察了民国政府在政治、经济、军事和外交等领域行使和维护南海诸岛主权的斗争历程，从法理依据和历史事实方面证明了中国对南海诸岛的主权拥有，④同时也暴露了民国政府在管辖南沙群岛中的问题，⑤尤其是未能及时巩固对南海诸岛主权维护的成果，为后来中国解决南海问题留下了隐患。⑥辉明进一步

---

① 刘利民："近代中国收回海关代办航政管理权"，《史学月刊》，2019 年第 5 期。

② 韩振华：《我国南海诸岛史料汇编》，北京：东方出版社，1988 年版，第 1 页。

③ 程玉祥："20 世纪 30—40 年代国民政府对南海地图的绘制与审定"，《中国边疆史地研究》，2018 年第 4 期。

④ 林金枝："1912—1949 年中国政府行使和维护南海诸岛主权的斗争"，《南洋问题研究》，1991 年第 4 期。

⑤ 李国强："民国政府与南沙群岛"，《近代史研究》，1992 年第 6 期。

⑥ 郭渊："民国时期的南海地缘环境与我国对南海诸岛主权的维护"，《中州学刊》，2009 年第 6 期。

从美国官方文献中找到中国对南海拥有主权的历史依据。①谭卫元系统梳理了民国时期中国政府对南海诸岛的管理活动,并将其置于中国近代国家转型过程中进行微观与宏观的考察,研究视角上将其置于中国历史进程、世界历史演变过程中进行深入思考和探讨,并把这种主权行为演变视为近代中国融入国际社会的原因和结果。②徐志良认为民国时期美国等国家扩大对海洋自然资源的占有权及世界圈海运动的兴起,为民国确立南海海疆线提供了国际范例,中国战胜日本并根据国际公约公告收复失土失海,为中国初步提出对南海诸岛拥有主权的主张、划定断续国界线提供了历史机遇。③二是关于南海诸岛资源开发在主权维护中作用的研究。刘永连、张莉媛探究了民国时期广东地方政府的鸟粪开发在维护西沙群岛主权斗争中的作用、得失及影响。④侯强梳理了抗战前后民国政府开发西沙群岛鸟粪资源的具体措施。⑤从上述研究不难发现,学者更多梳理了民国政府捍卫南海诸岛主权的历史过程,而在经验教训总结和对当今解决南海争端的启示等方面的研究显得十分薄弱,研究方法更多集中于历史学的文献梳理,缺乏政治学、社会学、经济学、法学等多学科交叉研究方法的运用,导致理论深度不足。

---

① 辉明:"从近代美国文献看南海诸岛的主权",《文史哲》2016 年第 4 期,第 5—22 页。

② 谭卫元:"民国时期中国政府对南海诸岛行使主权的历史考察(1912—1949)",武汉大学博士学位论文,2013 年。

③ 徐志良:"民国海疆版图演变与南海断续国界线的形成",《太平洋学报》,2010 年第 4 期。

④ 刘永连、张莉媛:"从鸟类开发看民国时期广东地方政府在维护西沙群岛主权斗争中的重要作用",《史志学刊》,2015 年第 4 期。

⑤ 侯强:"民国政府对西沙群岛的鸟粪开发",《学术探索》,2002 年第 1 期。

### 三、民国海权问题研究不足及未来研究方向

相对晚清海权问题研究成果颇丰而言,民国海权问题受到学界的关注明显不足,既有的研究成果不仅研究方法和研究视角单一、研究内容不够全面,而且就整体而言,研究缺乏系统性。未来的民国海权问题研究亟须注意理论分析框架的构建、研究内容的丰富、研究方法的创新以及研究视角的拓展。

#### (一)构建理论分析框架

海权研究有其自身的理论体系,而民国海权问题研究成果多数未能按照海权理论体系以统摄研究内容,诸多研究只是停留在历史事件的描述层面,缺乏理论分析。因此,构建民国海权研究的理论分析框架显得十分必要和迫切。一是要对民国海权研究所使用的海权概念加以界定。随着西方海权论的传播和中国海权危机的加重,近代国人对海权内涵在不同历史阶段的认知是不一样的。换言之,海权概念的内涵对于近代国人而言,经历了一个复杂的变化历程。如果说晚清时期,国人更多关注的是海上力量建设的话,那么到了民国时期,国人所理解的海权概念涵盖了海上力量、海洋权利及海洋利益三要素。因此,在研究民国海权战略时,也该从海上力量、海洋权利及海洋利益三个维度探究民国海权战略。基于海上力量建设维度探究民国海军建设的战略目标、具体举措、功能作用及其局限性;基于海洋权利维护维度探究民国海洋权利维护的认知、手段、成效及不足;基于海洋利益实现维度探究民国开发和利用海洋的途径及其成效。二是分析民国海权构成要素的关系结构。需要探究民国海上力量诉求、海洋权利维护及海洋利益获取三者之间的相互影响和制约关系,诸如海军建设在何种程度上促进和限制了海洋权利维护和海洋利益获取,海洋权利维护是否

成为促进海军建设的内在动力,海洋利益的实现状况如何制约了海洋权利维护和海军建设。三是探寻国内外环境对民国海权战略发展的影响。重点关注民国的政治、经济、文化、外交、军事的现状以及国际海权争霸状况对民国海权战略的影响。四是加强横向和纵向的比较研究。通过与晚清海权战略的纵向比较以及与同时期其他国家海权战略的横向比较,凸显民国海权战略的特点,对其成效和不足给予客观评价。

## (二)拓宽研究内容

过去学界对民国海权研究的内容主要涉及海权观念认知、海军建设及海权维护举措等方面,对涉及民国海权战略其他问题并未给予关注,因此需要拓宽研究内容以呈现民国海权战略的全貌。就过去的相关研究而言,海上力量方面过多关注于军事力量的研究,而对构成海上力量重要组成部分的海洋科研力量、海上执法力量、港口造船力量等非军事力量方面缺乏必要的关注,因此难以呈现民国海上力量的全貌。海洋权利维护方面主要关注政府在权利维护中的行为和作用,而忽视了民间力量在此过程中发挥的重要作用,难以呈现海权维护过程中上下一心的全貌。海洋经济方面的研究更显薄弱,鲜有研究关注民国海洋经济在国民经济的地位和作用以及国民经济对海洋经济的影响。有关典型人物的海权思想和实践方面,学界只关注到政治人物和海军界人物,对于田汉、胡秋原等知识分子的海权思想未有专门研究,而事实上这一知识群体对于海权有着系统的思考并在国民海权意识培养过程中发挥了重要作用。同时,对民众的海权意识的现状及其影响缺乏必要的关注。唯有对各界人士的海权思想进行综合的把握,才能洞见民国时期全民海权意识的全貌及其对海权战略的影响。关于民国海权战略对新中国海权维护和发展的影响,学界也未作深入的探讨,难以客观评价民国海权在中国海权嬗变历程中的位置。总之,唯有从横向和纵向等不同维度,丰富民国海权问题的研究内容,方能对其有客观而真实的认知。

### (三) 彰显研究的现实启示意义

21世纪是海洋的世纪,中国海洋事业取得了巨大发展,但同时还面临着如何解决海洋权益争端、如何平衡陆权与海权发展关系、如何增强全民海洋意识、如何在世界海洋事业发展中贡献中国智慧等诸多问题,对这些问题的解决,近代中国海权发展留下了许多经验教训,就此而言,民国海权问题研究需要注意其现实启示意义的挖掘,以为当今中国海权维护和发展提供借鉴。比如,就海、陆、空三军协调发展而言,民国政府领导阶层重视陆军和空军建设而忽视海军建设,使得海军发展受到制约,最终造成严重后果,当前我国海、陆、空三军如何协调发展必须汲取此深刻教训。就海洋权益维护而言,尽管民国政府在抵制列强在华侵渔及收复海南诸岛等方面做出了积极努力,但是由于缺乏对渔业管理体制的建立和及时巩固南海诸岛收回的胜利果实,又为列强再次侵犯提供了可能性,从深层次而言,这些都与长此以往形成的海权意识淡薄不无关系,这些都为当前国民海洋意识的提升留下了深刻教训。就海权发展而言,民国有识之士提出了中国海权发展不同于西方霸权意义上的海权发展模式,中国海权发展不会走西方海权的发展之路,应当符合中国地缘特征和国家战略,这些对当今中国海权维护和发展依然有着重要的借鉴意义。总之,在加快建设海洋强国的当今中国,必须破除传统重陆轻海的观念,深刻认识到海洋事业发展的重要意义,通过多重途径提升全民的海洋意识,夯实海洋强国软实力,走中国特色的海权发展道路。就此而言,需要从当代面对的具体问题出发,挖掘民国海权战略问题的现实启示意义,为当前我国海洋事业发展提供借鉴。

### （四）创新研究方法

过去学界关于近代中国海权问题的研究，在方法论上还存在诸多问题。由于民国海权问题研究方法较为单一，使得民国海权问题得不到深层次分析和全面把握。因此，必须在方法论上有所创新。首先，运用多学科交叉研究方法。过去学界在研究民国海权问题过程中，普遍运用历史学的视角，缺乏政治学、法学、哲学、经济学、军事学、社会学等多学科交叉研究方法的运用，使得相关问题难以得到深入的阐释。比如，关于哲学研究方法的运用，可以运用哲学上的谱系学方法阐明民国海权观念是如何兴起和演变的，其演变逻辑和动力是什么，其嬗变历程与晚清海权观念嬗变有何区别和联系，对新中国成立后的海权观念有何影响等等。关于社会学方法的运用，可以从知识社会学的视角分析民国社会结构、历史情境、时代精神等要素对海权思想和实践在哪些方面产生影响、是如何影响的以及其后果是什么。同时，还需要加强运用社会学研究方法中的定性研究与定量研究相结合。过去民国海权问题的研究偏于定性研究，定量研究几乎是空白。比如在研究民国海军学术这一问题，可以搜集当时各类报刊发表的有关海军建设文章，运用文献计量法进行词频分析，探究当时海军学术界探究的核心问题有哪些。在研究海军建设时，可以对舰艇的排水量、火器尺寸、人才培养的数量等进行统计，纵向上通过与晚清海军建设的相关数据进行对比，横向上与同时期的外国海军建设的相关数据进行比较，探究民国海军建设在哪些方面有所突破，存在哪些局限，从而做出客观分析和评价。关于政治学方法的运用，可以用地缘政治学分析民国海权战略的形成如何受到我国三面临陆一面临海地缘特征的影响以及未来如何结合地缘特征制定我国海权战略。

其次,加强比较研究方法的运用。过往的研究在横向上的中外比较和纵向上的与晚清海权问题的比较都显得不够充分,难以凸显民国海权思想和实践与国外海权发展的区别,也就无法知晓民国海权战略在哪些方面继承和超越了晚清海权。另外,只有在中外比较中才能发现民国海权战略的不足之处,寻求其原因所在,进而为当今中国海权战略的制定提供启示。再次,需要宏观研究和微观研究相结合。就宏观研究而言,一是把民国海权战略放到近代世界海权竞争和演变的进程中加以审视,方可以对民国在应对海权危机的策略给予较为客观的评价;二是把民国海权战略放在民国时期国家整体战略演变中加以审视,探究海权战略在国家整体战略中的位置及其与外交、军事、经济战略等其他战略之间的互动关系。就微观研究而言,需要加强对民国的商船航海教育、海军教育训练及规章制度、海权观念的传播路径、海权危机与民间应对等方面的研究。总而言之,不断创新研究方法是提升民国海权问题研究水平的重要路径。

## 第三节  研究思路与研究方法

### 一、研究思路

与晚清相比,民国时期的海权认知和实践具备了一定的内在基础和外在条件,虽取得了不菲的成绩,但也受到时代条件的制约。本书主要探讨以下问题:民国时期国际海权竞争的表现及其对中国海权战略构建产生的影响、民国海权战略的具体内容、制约民国海权战略的主要因素、民国时期中日海权战略的区别及其对抗日战争产生何种影响、民国海权战略对新中国成立以后的海权战略的影响等等。具体内容如下：

第一，国际海权竞争的表现与民国海权观念的嬗变。20 世纪上半叶，国际海权竞争更加激烈，国际海权竞争区域逐渐从大西洋过渡到远东及太平洋地区，海权竞争刺激了各国加快海军军备竞赛的步伐。列强在远东及太平洋的海权争霸使得中国成为争夺的焦点，中国海权危机引发民族生存危机，表现最为突出的是在抗日战争中日本海军直接成为其侵华的工具。为了应对国际海权竞争给中国带来的各种危机，国人对海权重要性的认识相比晚清而言更加深入，对海权内涵的认知逐渐从军事视角扩展到法权视角乃至经济视角，具体表现为海上力量、海洋权利、海洋利益的三重认知向度。中国现代海权观念在民国时期基本形成，正是基于对现代海权观念的认知，国人深入反思中国海权现状，并从不同途径维护和发展海权的实践。

第二，民国海军建设。中国近代海军建设始于晚清，经历了从无到有再到毁于甲午战争的复杂嬗变历程。尽管晚清海军在抵御外侮和维护海洋权利方面发挥了一定的作用，但终究未能实现保家卫国的目标，依然面临有海无防的局面。到了民国时期，世界海权竞争由大西洋向太平洋的转移给中国国防安全和海权维护带来了严重挑战，重建海军显得尤为重要和迫切。民国海军发展的基础是晚清遗留下来的实力较弱的海军，加上民国时期世界海军发展迅速，使得民国海军建设面对较大压力。关于海军建设的必要性，民国各界人士突破了晚清只是把海军视为海防工具的认知局限，从决定民族存亡和国家强弱的高度重新审视新海军的时代价值，新海军的功能和作用具体表现在筑牢国防安全、维护海洋权利及争取海洋利益三个方面。关于民国海军建设的内容，包括明确建设目标、加强装备与基地建设、提升人才培养质量及健全组织制度体系等方面。如同晚清海军建设受到政治、经济、观念等因素制约一样,民国海军建设也受到诸多因素的限制,主要表现为观念偏差、财力不足、工业落后、外敌入侵以及海军自身弊端重重等五个方面。民国海军建设相对于晚清海军建设而言,取得了一定的突破和成效,在抵御外侮和维护海权过程中发挥了一定的作用,为新中国海军建设奠定了一定的基础,同时,也留下了许多值得汲取的经验和教训。

第三,维护海洋权利。鸦片战争以降,中国海权遭受列强侵夺,晚清政府开始运用公法维护海权,但总体而言收效甚微。民国时期,海洋权利继续遭受列强侵犯。随着西方海权论在中国的进一步传播以及国人对国际法的深入认知,国人的海权意识相对晚清而言有了进一步的提升,国人把海洋权利上升到国家主权加以对待,通过各种途径维护海洋权利,并且取得了一定成效。具体包括划定海界和收复丧失的海洋权利、接收南海诸岛、抵制外轮侵渔以维护渔权等。民国在海洋权利认知和维护方面尽管相对于晚清而言有所进步,但是由于受到海洋意识淡薄、海军实力不够强大、未能广泛发动群众力量、不平等条约的签订、外敌入侵以及国内政治动荡等多重因素的制约,民国在海权维护方面的目标并未全部实现,海权维护过程中依然留下了许多值得汲取的深刻教训,并对新中国海权的维护和发展产生了一定的影响。

第四,发展海洋经济。晚清时期在发展海洋运输业、海洋渔业以及其他海洋实业方面取得了一定进展,为民国海洋经济发展奠定了基础。为了参与国际竞争以维护海洋权益,充分利用和开发海洋资源以促进经济发展,从而增加国民收入,民国时期在海运业及海洋渔业的发展方面都有新的突破。海运业发展方面,具体举措包括加强制度保障和管理、增加商船和航线数量、大力培养海运业人才以及争取华侨支持等。海洋渔业发展方面,具体举措包括加强渔业管理、开展渔业实验调查以及加强水产人才培养等。由于国际环境中的列强封锁、压制及国内环境中的海洋经略意识淡薄、政治动荡、财政危机、海军实力不够等因素的存在,限制了民国海洋经济的发展,进而影响到海洋利益的争取和海洋权利的维护。因为海洋经济的发展不仅具有增加国家财政收入的重要意义,同时也对增强海上力量和维护海洋权益具有促进作用。

第五,民国海权战略的制约因素。近代中国海权的嬗变过程受到了诸多因素的制约,国人的海权观念和实践是在不断突破其制约因素的过程中艰难前行的。与晚清海权战略受到多重因素制约一样,民国时期海权战略依然受到政治、经济、观念等因素的制约,只是不同因素的制约程度与晚清有所差异而已。政治因素方面,国内政治动荡制约了对海权的深入认知和实践,政治分裂制约了海军现代化进程。经济因素方面,财政拮据影响到海军军费投入,制约了海军发展,而没有强大的海军也就无法为海洋权利维护和海洋权益争取提供坚强后盾。观念方面,"重陆轻海"和"舍海言空"的思想观念制约了民国海权战略的建构和实施。另外,从外在影响看,晚清时期与列强签订的一系列不平等条约以及民国时期列强的侵略及对海洋权利的侵夺等,都对民国海权战略的实施产生了诸多消极影响。总之,制约因素有些是客观的,有些是主观的,尤其要对主观因素予以清醒的反思。

第六,民国时期中日海权战略比较。近代以降,同样面对西方列强由海而来入侵带来的压力,中日两国采取了不同的海洋战略,最后使得两国命运各异。到了民国时期,国际海权竞争更加激烈,海权竞争的区域逐渐从大西洋转向远东及太平洋,这无疑给中国和日本都带来了安全压力。在应对国际海权竞争的大潮中,中国

与日本选择了不同的海权战略,其结果对两国近代历史命运产生
了深远影响。由于受到国际环境和国内政治、经济、军事、文化等
不同因素的影响,中日两国海权战略在性质上和发展成效上存在
一定差异。就性质而言,中国海权战略目标是对国家主权维护和
海洋权益的争取,属于自卫性质的,而日本海权战略则属于侵略性
的,其海权战略是国家总体扩张战略的组成部分。就海权发展成
效而言,日本在海军、海运业、远洋渔业等方面的发展要强于同时
期的中国,日本之所以有能力侵夺中国海权,从侧面反映了中日海
权发展的不平衡。从最终结果来看,日本海权的崛起和衰落引发
了世界格局的变化,至少从形式上促使中国"重新成为东亚国际体
系中的一个大国"①。通过民国时期中日海权战略比较,总结其经
验教训,对今天依然有着重要的启示。

　　第七,民国海权战略的启示及影响。民国海权战略留下的经
验教训对当前我国海洋强国建设和海权发展依然有着重要的启示
意义,主要表现在:中国的海权战略应该符合国家整体战略方向和
独特的地缘特征;建设一支强大的海军是捍卫海权的必要条件;发
展海洋经济是国民经济增长的重要路径;国民海洋意识强弱对海
权观念发展有着重要影响。民国海权维护和发展的现状成为新中
国海权发展的基础,对新中国的海权战略制定和实施皆产生深远
影响。新中国成立以来,海权维护和发展经历了复杂的嬗变历程:
海洋权利维护经历了从收复和捍卫海洋权利、开辟海洋权利维护
新途径到提升海洋权利维护能力的嬗变;海洋利益实现经历了从
发展海洋贸易、形成沿海开放布局到转变海洋经济发展模式的嬗
变;海军建设任务经历了从抵御侵略、实现近海防御到为实现中国

---

① 张小明:《美国与东亚关系导论》,北京:北京大学出版社,2011年版,第91页。

梦提供力量支撑的嬗变。我国海权发展经验包括：把促进和平发展作为海权发展的战略目标；把合作共赢作为海权发展的重要模式；把海洋开发与保护并重作为海权发展的基本原则；把夯实海上力量作为海权发展的坚强后盾。总之，为了更好地加快海洋强国建设，不仅需要具备国际视野和全球观念，也要符合中国国情。为了不再重蹈近代历史覆辙，必须深刻反思近代以降中国在海洋事业发展过程中留下的经验和教训，就此而言，对民国海权战略的研究依然是值得用力的课题。

## 二、研究方法

过去学界关于近代中国海权问题研究成果，多数集中在历史学领域，有少数成果分布在政治学领域。总体而言，研究方法较为单一，缺乏综合运用多学科交叉的研究方法，所以本书试图在研究方法上有所突破。

第一，文献分析法。通过对民国时期的外交史料、海军史料、经济发展史料、战争史料、南海诸岛史料、典型人物日记等文献的分析，厘清民国海权战略的演变逻辑及其具体内容。

第二，历史主义研究方法。"历史主义研究方法一直是战略研究的重要方法。在战略研究领域，从历史中寻求规律、创造理论，再以理论为工具，分析当下的国际问题，是最基本的研究路径"。[1]把民国海权战略放到特定的历史环境中去审视，从国际海权嬗变和中国海权嬗变的历史进程去审视民国海权战略，对民国海权战略的得失成败作出客观的评价。

第三，比较分析法。纵向上把民国海权战略与晚清海权战略

---

[1] 师小芹：《论海权与中美关系》，北京：军事科学出版社，2012年版，第17页。

比较，以凸显民国海权战略的特点；横向上把民国海权战略与同时期的日本海权战略比较，探究民国海权战略与日本海权战略的差异及其原因所在。通过纵向和横向的比较，对民国海权战略有更加深入的认知。

第四，多学科交叉研究法。综合运用历史学、政治学、哲学、管理学等多学科交叉研究方法，从不同视角对民国海权战略进行深入探讨。例如，通过哲学视角探讨民国时期海权观念的嬗变历程及其在观念谱系中的位置、通过政治学视角探讨民国时期政治制度对海权战略的影响、通过社会学视角探讨民国社会风俗变迁对海权战略的影响、通过管理学的视角探讨民国海军建设中的管理问题等。

# 第二章 国际海权竞争及民国海权观念

## 第一节 国际海权竞争

### 一、民国时期国际海权竞争的表现

20世纪上半叶,国际海权竞争更加激烈,国际海权竞争区域逐渐从大西洋过渡到远东及太平洋地区,海权竞争刺激各强国加快海军军备竞赛的步伐,进而影响到世界的安全与稳定,足以证明了"对于一种地区性蚕食体制来说,陆地是足够的,对于一种世界性侵略体制来说,水域就成为不可缺少的了"①。

#### (一) 民国时期国际海权竞争区域转向远东及太平洋

第一次世界大战促成了国际秩序的改变。由此可见,战争既是促进国际权力分配调整的重要因素,也可以加快各国兴衰起伏的进程,"战争不仅造就战场上的胜利者与失利者,还会打破国际秩序、改变各国的权力能力"②。20世纪上半叶,美、英、日、法、意五大强国的海权竞争区域转向远东及太平洋地区,远东国际关系

---

① 《马克思恩格斯全集》(第44卷),北京:人民出版社,1982年版,第322页。
② [美]约翰·伊肯伯里:《大战胜利之后制度、战略约束与战后秩序重建》,门洪华译,北京:北京大学出版社,2008年版,第237页。

态势较第一次世界大战前发生了重大变化。

在远东的主要利益竞争者是美、英、日三国,尤其是美、日两国竞争更加激烈,"美日都可谓一战的'红利'获得者,基本未受到战争的影响,还通过战争扩大了自身的实力,但日美在远东及太平洋地区,却是互为竞争对手的矛盾关系"①。第一次世界大战后,"美国崛起为世界领导国,它提出了雄心勃勃的制度议程。致力于将民主国家约束在基于规则的普遍联盟中"②。自 19 世纪末,美国就提出了旨在维护和扩展其在华利益的门户开放政策,实现与其他列强在华利益均沾和机会平等,太平洋被美国视为创造机会的主要地区,正如美国人所认为的,"地中海已成为过去,大西洋主导现在,而未来属于太平洋","目前繁荣的太平洋地区是人类历史上发展最为快速的地区之一。从现在开始,'太平洋'即是'未来'","亚太地区是华盛顿外交政策战略的焦点,目前这一理念丝毫不变,不仅如此,保持在亚太地区持久深远影响力的战略一直未变"③。美国在太平洋的扩张与日本产生了冲突,美国的"门户开放"政策以实现其国家利益最大化,"与日本追求独占性、垄断性、排他性的大陆政策发生了尖锐的矛盾和冲突。日本对远东及太平洋地区的扩张行动,不仅不符合美国希望主导建立的远东及太平洋地区的国际新秩序,而且已经在相当程度上影响到美国的国家利益。美国发起召开讨论远东及太平洋地区问题的国际会议,主要目的就是遏制日本的扩张势头,确保美国利益的不受影响"④。

---

① 汪朝光:《中华民国史》(第四卷),北京:中华书局,2011 年版,第 69 页。

② [美]约翰·伊肯伯里:《大战胜利之后制度、战略约束与战后秩序重建》,门洪华译,北京:北京大学出版社,2008 年版,第 107 页。

③ [德]乔尔根·舒尔茨、[德]维尔弗雷德·A. 赫尔曼、[德]汉斯-弗兰克·塞勒:《亚洲海洋战略》,鞠海龙等译,北京:人民出版社,2014 年版,第 102 页。

④ 汪朝光:《中华民国史》(第四卷),北京:中华书局,2011 年版,第 69—70 页。

美国在太平洋的攻势战略与把侵略中国视为国策的日本产生矛盾。美国不愿看到日本独占中国而有碍其在华利益。为了与日本争夺太平洋霸权,美国迫使日本退出青岛,并拆散英日同盟,"以共同应付日本在远东及太平洋地区对美英利益的挑战"①。美国把竞争的目标由第一次世界大战前的俄、德转向日本,因此使得日、美之间的"宿命战"不可避免。当日本政府"还尚未预见到它的扩张活动所带来的影响。西方国家已做出结论:日本占领山东半岛和德国的太平洋岛屿导致了远东的失序。……美国不是在 1919年的时候将半个舰队——拥有不止半数的海军火力——调往太平洋了吗? 这次调动的唯一目的就是挟制日本"②。美国得出的结论是,"日本是美国最可能的敌人;制定太平洋战略是海军的当务之急。接下来的 20 年中,美国海军的主要问题一直是如何对付日本"③,1945 年 8 月日本的战败"标志着美国在广袤的亚太区域霸权的开始,这一霸权一直持续到冷战结束……55 年以来,美国在亚太地区的重要地位建立在其强大的海洋力量之上"④。

英国在第一次世界大战后精疲力竭,其对外政策力求与他国避免事端,伺机在国际和平的环境中恢复国力,英国陷入困境中的经济以及与之关联的公众前所未有地要求削减防务支出,"正在拖累刚刚成为世界最强大海上力量的皇家海军。当然,任何海军将领希望在 1919 年之后仍然保持 1919 年时皇家海军的实力都是痴

---

① 汪朝光:《中华民国史》(第四卷),北京:中华书局,2011 年版,第 70 页。
② [美]乔治·贝尔:《美国海权百年 1890—1990 年的美国海军》,吴征宇译,北京:人民出版社,2014 年版,第 108 页。
③ [美]乔治·贝尔:《美国海权百年 1890—1990 年的美国海军》,吴征宇译,北京:人民出版社,2014 年版,第 99 页。
④ [德]乔尔根·舒尔茨、[德]维尔弗雷德·A. 赫尔曼、[德]汉斯-弗兰克·塞勒:《亚洲海洋战略》,鞠海龙等译,北京:人民出版社,2014 年版,第 104 页。

人说梦。实际上,随着德国威胁的消除,以及与日本和美国的关系虽未妥善解决但并未到危险的地步,在力量和战备上保持战前的标准都是不可能的"①。但是由于日本在太平洋的势力日益发展,直接危及英国在东方的利权,所以"在远东地区,对英国的影响看起来也很不乐观"②。因此,英国"也不愿意见到出现日本独大的局面,因此也有意结束英日同盟,对日本的扩张势头予以一定的限制。这样,就出现了远东及太平洋地区国际关系的调整趋向以及美英联手遏制日本的可能性"③。为了确保远东及大洋洲战时安全,英国加紧建设作为远东海军中心的新加坡,以便与印度、澳洲、新西兰、威海卫的舰队联防日本。

法国在第一次世界大战后一面防备德国,一面阻止意大利复兴,其政策重心全在欧洲大陆,对于日本的发展未感到威胁,反而为了彼此利益互相利用。意大利的政策是既欲向东方扩充领土,又欲染指法国在地中海沿岸的殖民地,④相比美、日、英而言,意大利在远东没有真正的利益。⑤日本认为,若欲独占中国则非掌握太平洋霸权不可,因此其行动处处受到与太平洋利益相关者的英美二国的监视。⑥

---

① 〔英〕保罗·肯尼迪:《英国海上主导权的兴衰》,沈志雄译,北京:人民出版社,2014年版,第286—287页。

② 〔英〕保罗·肯尼迪:《英国海上主导权的兴衰》,沈志雄译,北京:人民出版社,2014年版,第295页。

③ 汪朝光:《中华民国史》(第四卷),北京:中华书局,2011年版,第70页。

④ 翁军、马骏杰:《民国时期外国海军论集》,济南:山东画报出版社,2014年版,第299—301页。

⑤ 〔美〕保罗·肯尼迪:《大国的兴衰》(下),王保存、王章辉等译,北京:中兴出版社,2013年版,第67页。

⑥ 马骏杰、张伟、陈美慧:《郭寿生海军研究文集》,济南:山东画报出版社,2017年版,第41页。

总之,第一次世界大战后仍然由强权国家发挥世界的领导作用,战后的国际规范延续了战前的实力规范,以战争手段扩张的违约现象仍然十分普遍,①列强在远东和太平洋的扩张就是集中表现。通过上述五个海洋强国的政策调整可以看出,在远东及太平洋竞争最激烈的是美、英、日三国,美日竞争尤甚,中国成为了列强的争夺焦点,因此注定了中国在国防安全及权益维护方面将会面临巨大压力,中国海权的维护和发展将会陷入前所未有的困境。从某种意义上而言,正是应对国际海权争夺带来的危机催生了民国海权战略。

## (二) 民国时期各海洋强国的海军军备竞争

海权争霸必然带来海军军备竞赛,"展现在一切海洋国家面前的殖民事业的时代,也就是建立庞大的海军来保护刚刚开辟的殖民地以及与殖民地的贸易时代。从此,便开始了一个海战比任何时候更加频繁、海军武器的发展比以往任何时候更有成效的时期"②。美、英、日、法、意等国海权争霸的战略调整决定了各国海军发展的不同走向,因为"政治是日本海军的生命线,对于同时期的德国、美国和英国来说同样如此"③。第一次世界大战之后,"除德、奥等战败国外,协约及参战各国仍在努力扩充军备,此种扩充军备之趋势若不加以限制,则匪惟各国均感觉经济上之困难,而第二次世界大战亦将有随时发生之可能"④。海军军备竞赛给各国带来巨大经济压力,"世界各国尤其是日、英、美三国展开了造舰竞

---

① 孙学峰:《合法化战略与大国崛起》,北京:社会科学文献出版社,2014 年版,第 30 页。

② 《马克思恩格斯全集》第 14 卷,北京:人民出版社,1964 年版,第 383—384 页。

③ [美]约翰·查尔斯·史乐文:《"兴风作浪":政治、宣传与日本帝国海军的崛起(1868—1922)》,刘旭东译,北京:人民出版社,2016 年,第 8 页。

④ 张忠绂:《中华民国外交史》,北京:华文出版社,2011 年版,第 353 页。

赛,军费开支大增,使遭到战争破坏极大的英国已无法忍受,就连未遭受战祸的美国也感到财政拮据。日本 1921 年的海军预算占国家岁出的百分之三十二,这样下去必然导致财政危机,有识之士也强烈要求裁军。"①为了制止军备竞赛以维护和平,避免各国陷入财政危机,尤其是为了限制日本的海军扩军计划,美、英、日、法、意在 1922 年华盛顿裁军会议上签订了《五国海军条约》,规定了美、英、日、法、意海军军舰数量比为 5∶5∶3∶1.75∶1.75。海军条约的签订,"避免了爆发一场把日本也卷进来的大规模海军军备竞赛的可能性。该条约把全世界的海军力量限制在了一个符合美国而非英国意愿的水平线上。这个较低水平表明,美国国会不愿意提供资金。美国既不需要也不想要一支全球性的海洋控制海军,但它最担心的是,英国不应该有这样一支舰队"②。美英的主力舰的比例,使得美国"原则上实现了它长期追求的与英国皇家海军在数量上的对等。至少是在战列舰方面。这只是名义上的胜利,因为战略上——除了对墨守成规的马汉主义者们来说——英美力量并未达到均衡。皇家海军的实力会更强大,舰船数量虽少,却是一支真正的全球力量。英国没有放弃它的海军优势"③。然而,"华盛顿裁军会议只就限制主力舰达成了协议,而对限制辅助舰一直未能达成协议。因而在非主力舰的建造上竞争激烈"④。

---

① 〔日〕外山三郎:《日本海军史》,龚建国等译,北京:解放军出版社,1988 年版,第 83 页。
② 〔英〕安德鲁·兰伯特:《海洋与权力:一部新文明史》,龚昊译,湖南文艺出版社,2021 年版,第 315 页。
③ 〔美〕乔治·贝尔:《美国海权百年 1890—1990 年的美国海军》,吴征宇译,北京:人民出版社,2014 年版,第 109 页。
④ 〔日〕外山三郎:《日本海军史》,龚建国等译,北京:解放军出版社,1988 年版,第 87 页。

为了争夺新一轮海军优势,美、英、日、法、意于 1930 年在伦敦再次召开了限制海军军备会议。日本认为两次裁军会议的当前目标都是为了遏制日本海军发展,正如佐藤市郎所言,"不论是华盛顿会议也好,伦敦会议也好,都是美英两国策划而成的,其最终目的是实现美英称霸世界的野心,而当面目标则是扼杀新兴的日本"①。

裁军会议最终未能真正阻止各国加快海军建设的步伐。美国在华盛顿条约限度内另立一套建设海军与大规模扩张根据地的新海军政策,"只有具备政治上的自制,军备限制才能发挥作用。这样的均衡与自制存在于 1920 年至 1930 年间,但此后似乎立刻消失了"②。1933 年 6 月制定扩充造舰计划,拟建造航空母舰两艘、巡洋舰四艘、驱逐舰二十艘、潜水艇四艘、航海炮舰两艘。1938 年,美国国会通过的海军优先法案允许大规模扩充舰队。经过扩张,到了 1945 年 8 月之前的五年,"美国海军人员方面扩大了几乎 20 倍,军舰总吨位扩大了 6 倍,舰艇数量扩大了 60 倍,海军飞机是原来的 24 倍。它的战斗力量部署在全球各个地区,可以在任何选定的海域实施进攻作战"③。华盛顿会议前建造了包括航空母舰等三十艘舰艇并完成编队,华盛顿会议后计划建造主力舰、巡洋舰等舰艇共计七十六艘。法国在华盛顿会议前计划建造的六十八艘舰艇已经竣工并完成编队,华盛顿会议后拟建造四十六艘。意大利在华盛顿会议前已经完成向导驱逐舰三艘、驱逐舰八艘的建

---

① [日]外山三郎:《日本海军史》,龚建国等译,北京:解放军出版社,1988 年版,第 91 页。

② [美]乔治・贝尔:《美国海权百年 1890—1990 年的美国海军》,吴征宇译,北京:人民出版社,2014 年版,第 131 页。

③ [美]乔治・贝尔:《美国海权百年 1890—1990 年的美国海军》,吴征宇译,北京:人民出版社,2014 年版,第 209 页。

造,华盛顿会议后计划建造二十九艘。日本由于陷入中、俄、英、美的对立面,不得不建设强大的陆、空军对付中、俄,建设强大的海、空军防备英、美。①日本战略是纯粹马汉式的,为了达到对美国舰队穿越太平洋之时对其发动攻击的目的,"日本建造了一圈岛屿基地和飞机场,研制了最快、最强大的远程鱼雷,在巡洋舰和驱逐舰方面获得了充分的优势,并建立了现代化的潜艇力量和一支坚强的空军"②。日本海军建设在达到条约限制规模后,进而不声不响地远远突破那些限制,"例如,它的重巡洋舰的排水量接近1.4万吨,比条约规定的多0.8万吨。日本的所有主要战列舰的航速都很快,而且配有威力强大的武器。它的旧式战列舰实现了现代化。到30年代后期,日本正在建造'大和'级巨型战列舰,其吨位之大为世界之最"③。日本在第二次修改帝国国防方针时将头号假想敌由原来的俄国改为美国,"与美国开战的可能性长期以来都是日本海军军令部的关注对象。摆在他们面前两个最显而易见的选项是要么协助陆军南进,等待美军的反攻(有可能在英国的帮助下),最好是在领海内;要么是在战争伊始就谋划一次针对美国太平洋舰队的奇袭"④。就此而言,太平洋战争的爆发并非偶然,因为"日本政府坚持侵略主义的扩张政策,寻求对亚洲的主导权,而这是美国不会同意的"⑤。总之,裁军条约并未真正实现消除海军激烈竞

---

① 翁军、马骏杰:《民国时期外国海军论集》,济南:山东画报出版社,2015年版,第301—303页。

② [美]乔治·贝尔:《美国海权百年1890—1990年的美国海军》,吴征宇译,北京:人民出版社,2014年版,第147页。

③ [美]保罗·肯尼迪:《大国的兴衰》(下),王保存、王章辉等译,北京:中兴出版社,2013年版,第31页。

④ [美]保罗·达尔:《日本帝国海军战史1941—1945》,谢思远译,长春:吉林文史出版社,2019年版,第7页。

⑤ [美]乔治·贝尔:《美国海权百年1890—1990年的美国海军》,吴征宇译,北京:人民出版社,2014年版,第187页。

争的目标。限制海军军备的华盛顿条约和伦敦条约都在 1936 年 12 月 31 日失效,从 1937 年 1 月开始,进入了无条约时代,各列强更是抓住一切机会扩充海军军备。

## 二、民国时期国际海权竞争对中国海权的影响

民国时期"外国人给予中国人生活的影响,甚至参与到中国生活中的程度,都会为之震惊"[①]。列强在太平洋的海权争霸使得民国海权和民族生存陷入危机,表现最为突出的是日本海军直接成为侵华战争的工具。为了应对国际海权竞争,国人更加深入地去反思海权并从不同途径维护和发展海权。

### (一)国际海权竞争使得中国海权陷入深重危机

海权的维护终究离不开一支强大的海军。世界海军在民国时期蓬勃发展,而晚清遗留给民国的海军基础薄弱,加上受制于多重因素制约,民国海军发展较为缓慢,与世界强国的海军实力相差越来越远,难以满足应对海权危机的需要,其根本原因是政府不重视,"纵观海军四十多年走过的道路,一个不可否认的事实摆在我们面前:海军的衰弱,是几届封建政府不顾海军发展的主客观要求,长期漠视海权、轻视海防建设的结果,它给我们留下的教训是极为深刻的。"[②]缺乏一支足以抵御外侮的强大海军,自然是海防不固,海洋权益遭受严重侵夺。

首先,中国国防安全受到威胁,海洋权利受到侵犯。如上文所述,华盛顿会议召开的主要目的是讨论限制军备问题,附带讨论太平洋及远东等问题,"华府会议关于太平洋远东部分,除太平洋岛

---

① [美]费正清、[美]费维恺:《剑桥中华民国史》(上卷),杨品泉、张言等译,北京:中国社会科学出版社,1994 年版,第 1 页。
② 马骏杰:《中国海军长江抗战纪实》,济南:山东画报出版社,2013 年版,第 3 页。

屿及东部西伯利亚数问题外,几乎全部议程,均为我国问题"①。
中国代表在参加华盛顿会议时提出的希望有三:"(一)各国不再乘
中国内乱之机会,损害中国独立国家之权利;(二)撤销各项有害于
中国主权之行动,而该各项运动并无条约之根据者;(三)将限制中
国自由行动之若干现存条约加以修正。"②除了第一项获得答复,
第二、三项并未完全获得满足,"依据华会之结果,中国所获虽多,
但距中国所希望者相差尚远"③。关于《五国海军条约》对于中国
国防安全的影响,国人已有研判,"《五国海军条约》中对于五强海
军比率与英、美、日三国承认维持国防与海军根据地当日现状之规
定,似有使日本在远东坐大,造成'九一八事变'之可能……倘使华
会以后,中国能善用时机,则自华会至'九一八事变'当不致发
生"④。日本发动侵华战争前的海军与美国海军实力已相差无
几。⑤从"九一八事变""一二八事变"到"七七事变",尽管日本以陆
军为主体的陆上作战为主,但是海军也发挥了重要作用,"海军作
战一直处于从属地位,规模也小。但也绝不是一切都交给陆军
的"⑥,可见日本海军在侵华战争中并非形同虚设。日本海军在华
作战主要表现为航空作战、封锁作战及配合陆军作战等形式,尤其
以海军航空兵的战斗活动最为活跃。日本海军除了配合陆军作战

---

① 李振广:《民国外交:亲历者口述实录》,北京:中国大百科全书出版社,2016 年版,第 24—25 页。

② 张忠绂:《中华民国外交史》,北京:华文出版社,2011 年版,第 409 页。

③ 张忠绂:《中华民国外交史》,北京:华文出版社,2011 年版,第 411 页。

④ 张忠绂:《中华民国外交史》,北京:华文出版社,2011 年版,第 412 页。

⑤ 马骏杰:《中国海军长江抗战纪实》,济南:山东画报出版社,2013 年版,第 70—71 页。

⑥ [日]外山三郎:《日本海军史》,龚建国、方希和译,北京:解放军出版社,1988 年版,第 107 页。

外,还侵占了中国南海诸岛,试图控制南海制海权。1937年9月,日本军舰"夕张"号登陆东沙岛后将其更名为"西泽岛"。1939年2月日本攻陷海南岛后,进占西沙、南沙、东沙群岛,将南沙群岛更名为新南群岛,西沙群岛更名为平田群岛,全部归台湾总督管辖,隶属高雄县。另外,法国自从控制安南以后,就开始图谋战略位置十分重要的西沙群岛,通过搜集史料试图证明安南对西沙群岛拥有"先有权"。1932年法国宣布侵占西沙群岛的武德岛,1933年7月侵占南沙群岛中的九小岛,日本认为日方早在1918年就在九小岛开采富源,所以九小岛应属于日本所有,这一事件最后从中法两国主权之争演变为英、美、法、日海上势力之争。①总之,列强借其海军入侵中国,民国却缺少一支足够强大的海军以御敌于国门之外,国防安全也就难以保障了。

其次,中国海洋利益受到侵夺,主要表现在列强对我国海洋渔业和海洋运输业等利益的侵夺。就海洋渔业而言,从晚清至民国,我国沿海渔业利益一直遭受列强侵夺,先是德轮侵渔,接着日本又追踪而至,"北起大连,南至台湾,随处侵渔"②。日本在1914年占据青岛后把其作为在华侵渔根据地。从1928年至1931年,日渔轮在兵舰率领和保护下在临洪口及长江口外一带渔场侵捕,渔轮数量高达38艘,这是日本在华侵捕最为猖獗之际。日本还以台湾和香港为根据地在华南侵渔并设立公司。就海洋运输业而言,列强凭借不平等条约控制了中国的海外贸易并加强了对中国航运业发展的封锁,使得中国海洋航运业利益损失惨重,"每年漏出去外

---

① 李金明:"抗战前后中国政府维护西沙、南沙群岛主权的斗争",《中国边疆史地研究》,1998年第3期。

② 翁军、马骏杰:《民国时期中国海军论集》,济南:山东画报出版社,2014年版,第493页。

国的金钱,可以说都是由海道流出"①。中国航运业利益丧失既与中国航权操纵在英、日两国手里有关,同时也与中国航运业自身能力不足有关。英、日两国在华船只合计五十余万吨,而中国船的总数也不过五十万吨,所以出现到处是外国旗帜飞扬的喧宾夺主之怪现象,面对此种状况,"凡有血气的,谁不气愤呢"②。海洋利益遭到侵犯与缺少强大的海军力量加以防卫不无关系。

**(二) 国际海权竞争促使国人对海权作深入反思**

近代以降,外敌由海而来的入侵促使国人对海洋的价值进行反思,其中涉及海洋的政治、经济、军事等多方面的价值。正是在这一反思过程中,海权观念逐渐形成,对海权内涵的认知也经历了一个复杂的嬗变历程。到了民国时期,国际海权竞争加重了中国海权危机,促进了国人对海权做深入的反思。

首先,关于世界海权竞争区域转变及海权竞争后果的认知。一方面,国人对世界海权竞争区域发生转变有着清醒的认知。近代世界海权竞争经历了从地中海到大西洋再到太平洋的转变历程。到了民国时期,世界海权竞争转向远东及太平洋地区,正如孙中山所指出的,"何为太平洋问题?即世界之海权问题也。"③列强对太平洋的霸权争夺直接影响到中国安全,郭寿生指出,"帝国主义者为争取太平洋的霸权和中国支配权,而引起世界大战,其爆发焦点当在太平洋,和我们中国存亡有直接的关系。"④为何第一次

---

① 高晓星:《陈绍宽文集》,北京:海潮出版社,1994年版,第4页。
② 马骏杰、张伟、陈美慧:《郭寿生海军研究文集》,济南:山东画报出版社,2017年版,第553页。
③ 中国社科院近代史所:《孙中山全集》(第五卷),北京:中华书局,2006年版,第119页。
④ 马骏杰、张伟、陈美慧:《郭寿生海军研究文集》,济南:山东画报出版社,2017年版,第5页。

世界大战之后海权向远东及太平洋转移,郭寿生认为其原因大致有以下几点:"第一,是日本在东亚突起,和她在东亚的地位;第二,是美国因为她的太平洋殖民地关系,和在中国的私利,也望着太平洋方面进展;第三,是新加坡海军根据地设立,从这个根据地可以支配澳洲、新西兰和印度的海上治安,操纵着英国四分之三的版图,四分之三大不列颠的人口。"①概而言之,列强向太平洋发展是为求市场和原料。美、英、日对太平洋霸权的争夺及对中国支配权的控制,无疑会对中国的国防安全造成严重危机。另一方面,国人对国际海权竞争威胁到世界和平的认知。孙中山认为第一次世界大战即是英、德海权争霸的结果,英国海军想独霸全球就要打破第二大海权国的德国。②另外,美国向德国宣战也是为了争夺海权,美国"乃欲打破德之潜艇势力,而继续其通商。此其宣战之本意也。"③帝国主义列强在太平洋争夺海权无疑会影响到世界和平,导致国家之间的军事冲突。总之,不仅世界格局的变化受到各国海权争霸影响,即使一国的盛衰也取决于其海权的强弱,拥有海上权力则国力兴盛,英、美等国无不如是。对于民国的警示就是加快建设一支强大的海上力量。然而,事实上由于主客观原因的存在,民国并未根本上改变海上力量微弱的局面,"中国不惟毫无乘时振奋之象,军阀反益埋头内战,列强继续用为互争工具"④。

其次,关于列强在太平洋争霸给中国带来危机的研判。关于

① 马骏杰、张伟、陈美慧:《郭寿生海军研究文集》,济南:山东画报出版社,2017年版,第41页。
② 中国社科院近代史所:《孙中山全集》(第九卷),北京:中华书局,2006年版,第221—222页。
③ 中国社科院近代史所:《孙中山全集》(第四卷),北京:中华书局,2006年版,第57—58页。
④ 郭廷以:《近代中国史纲》,上海:上海人民出版社,2009年版,第333页。

列强在太平洋争霸对中国的影响,法国政论家辟维(Pinon)指出,"太平洋问题,不啻是中国问题,海洋不过是交通线,岛屿不过是栖息所,中国才是最后的目的。"①国人也看出了列强争夺太平洋霸权的核心就在中国,因为"谁握此门户,则有此堂奥、有此宝藏也。"②因此所谓太平洋问题即是中国问题,"就太平洋这个舞台上的演员言,有中、美、日、英、法、荷、俄七国。中国的地位,在太平洋上最为重要,为世界现在惟一广大的市场,原料产地及资本输出地,实际上所谓太平洋问题即是中国问题。列强之竞欲向太平洋谋发展,或谋太平洋的霸权者,即是为中国的这一块肥沃的土地","日本若欲在我国遂起独占的侵略,则非掌握太平洋的霸权不可……美国之所以强迫日本退出青岛,并使英国解除对日同盟,都是为要争夺太平洋的霸权"③。概而言之,列强争夺太平洋的霸权,中国是其争夺焦点,这将会给中国政治、经济、国防等带来空前危机,直接威胁到国家主权完整和民族生存,其具体表现:一是不平等条约使得国家主权受到严重侵犯,"吾国通商以还,门户洞开,外国舰轮任意游弋,靡特领海之内防务难周,主权丧失,即各地内江,亦已藩篱尽撤。外侮纷乘,益以霸海政策,挟军力为后盾"④,外侮自海洋进入内江,如入无人之地,接着挟军力为后盾施行诸多霸权政策。二是海洋利益损失严重,因为"我国江海主权之具有军事性的,为各国侵占,不能完整,……其具有经济性政治性交通性

---

① 翁军、马骏杰:《民国时期外国海军论集》,济南:山东画报出版社,2015 年版,第 321 页。

② 中国社科院近代史所:《孙中山全集》(第五卷),北京:中华书局,2006 年版,第119 页。

③ 马骏杰、张伟、陈美慧:《郭寿生海军研究文集》,济南:山东画报出版社,2017 年版,第 41 页。

④ 高晓星编:《陈绍宽文集》,北京:海潮出版社,1994 年版,第 282 页。

的,依不平等条约,亦将丧失殆尽"①,江海利益皆反为外人侵占,
自己所有权竟不得自由享用之,"如同人失去手足无法行动一
样"②。不可否认,有识之士对列强在太平洋争霸将给中国带来安
全危机的研判是准确的,问题的关键在于民国政府未能集全国之
力选择正确的策略加以主动应对。

总之,帝国主义列强海权争霸可谓是战国时代的重演,在争霸
中能否获胜决定于一国军事力量的强弱,"力有余,则公开侵略,肆
意兼并,力不足,则尽量扩充,待时而动。虽所用之手段与方式,各
有不同,然不问资本的帝国主义者,抑共产之社会主义者,只知有
'力',而不知有'理'"③。处于一个靠"力"而不靠"理"的国际环
境,中国要想救亡图存,关键在于"能否建立一海权国家"④。尽管
对处于前现代国家的中国与现代国家的欧美而言,这种力量的竞
争是不平衡的,但也正是在对力量的追求中,中国曲曲折折地展开
了现代化历程。⑤正是基于应对列强在太平洋的争霸给中国带来
的安全危机,国人进一步思考海权的意义及其实现路径,为海权战
略的制定和实施奠定了理论基础。

## 第二节　民国海权观念

关于"观念"与"概念"的区别,"把概念界定在理性思维的形

---

　　① 马骏杰、张伟、陈美慧:《郭寿生海军研究文集》,济南:山东画报出版社,2017
年版,第 74 页。

　　② 陈独秀:《陈独秀文章选编》,北京:生活·读书·新知三联书店,1984 年版,第 43 页。

　　③ 翁军、马骏杰:《民国时期外国海军论集》,济南:山东画报出版社,2015 年版,
第 307 页。

　　④ 杨国宇:《近代中国海军》,北京:海潮出版社,1994 年版,第 913 页。

　　⑤ 高瑞泉:《从历史中发现价值》,北京:中国大百科全书出版社,2006 年版,第
288—289 页。

式,通常是认识论和逻辑学研究的对象;而观念的用法要宽泛得多,可以表示概念,也可以泛泛而论地表示意见、思想、观点、看法等等复杂的意思","就其抽象的程度或理性的程度而言,观念与概念有所区别,可以包含更多的感性的内容","概念就其是一结构而言,它没有矛盾。但是我们用'观念'来表示'思想'却可以有矛盾。事实上我们常识中的那些重大观念经常是充满矛盾的,不但单个观念内部有矛盾,而且人们同时相信并使用的若干观念之间也常有矛盾"。①作为历史范畴的海权观念,其内涵既有古今之变,也有中西之别。近代国人对海权的认知经历了一个复杂的嬗变历程。晚清时期国人主要是从军事视角理解海权,试图建设强大的海上力量以掌控制海权,最终达到抵御外侮的目的。尽管晚清时期也从权利和权益视角认识海权,但作为权力意义上的海权则是为国人关注的重点。到了民国时期,海权危机加重,西方海权论在中国得以进一步传播,国人对海权观念的认知逐渐从军事视角进一步拓展到法权视角和经济视角,具体表现为海洋权力、海洋权利、海洋权益的三重认知向度,海权观念变得更加丰富,现代海权观念已经基本形成。

## 一、作为海洋权力的海权

近代海洋权力是指通过海军控制海洋的强制力量。民国时期,加强海防以维护国家安全依然是国防战略的首要目标,对海洋权力的追求自然是关键所在。民国时期的海权危机使得国人对海洋权力重要性有着与晚清不一样的认知。首先,海洋权力关乎国家盛衰。民国初年,孙中山从世界海洋强国的发展轨迹断定决定

① 高瑞泉:《平等观念史论略》,上海:上海人民出版社,2011年版,第17—21页。

国力之盛衰强弱的是海而非陆,因此凡是海洋权力强者其国力也强。[1]为此,才会出现列强对海洋权力的争夺,列强对海洋权力的争夺甚至引起了第一次世界大战,无论是英德之战还是德美之战皆是为了争夺海上霸权,这些都无疑表明了获得海洋权力在推动国家发展中的重要作用。反之,如果一国具备强大的实力,又可以为其获取海洋权力提供支撑。概而言之,海洋权力与国力盛衰相互影响,互相促进。其次,列强对海洋权力的争夺影响到中国的安危。随着世界海权竞争区域逐渐由地中海到大西洋再到太平洋的转移,作为太平洋重心的中国将会面临严重的海权危机,这一危机甚至关系到中华民族的未来命运,这也引起了中国无数仁人志士的担忧。孙中山、陈独秀、蒋介石等对此都深感忧虑。孙中山认为太平洋上的海权之争就是为了争夺中国这一门户权,"谁握此门户,则有此堂奥、有此宝藏也。"[2]陈独秀认为处于世界海权争霸之际,国家丧失海权如同人失去手足无法行动一样。[3]蒋介石认为我国漫长的海岸线就是国家的生命线和国防线,能否维持太平洋之和平与中华民族之生存,就看我国"能否建立一海权国家"[4]。总之,当列强在太平洋争霸给中国带来严重危机之际,作为海洋权力的海权依然是民国海权诉求的关键,追求海洋权力是化解民族危机的重要途径,其具体手段就是建设一支强大的新式海军以抵御外侮。当然,民国时期的海洋权力追求其根本目的是抵御外侮和

---

① 中国社科院近代史所:《孙中山全集》(第二卷),北京:中华书局,2006 年版,第564 页。

② 中国社科院近代史所:《孙中山全集》(第五卷),北京:中华书局,2006 年版,第119 页。

③ 陈独秀:《陈独秀文章选编》(上),北京:生活·读书·新知三联书店,1984 年版,第 43 页。

④ 杨国宇:《近代中国海军》,北京:海潮出版社,1994 年版,第 913 页。

维护海权,这与西方追求争夺海上霸权意义上的海洋权力有着本质的区别,这也表明了中西方对海洋权力诉求目的的差异。

## 二、作为海洋权利的海权

晚清时期,国人已经开始从法权意义上认识海权,也即作为海洋权利的海权。但相对而言,由于抵御外侮是当务之急,晚清关注更多的是对军事意义上的海洋权力的诉求,因此作为海洋权利的海权并未获得充分的关注。到了民国时期,随着国人主权意识的增强,除了从军事视角把海权视为一种强制力量外,更加关注法权意义上的海权,海权即是主权国家享有的各项海洋权利。首先,认识到海权是国家主权的一部分。晚清与列强签订的一系列不平等条约使得中国丧失了诸多海洋权利,使得国家主权难以完整。陈独秀认为国家主权就是自己做主的权柄,[1]而中国海洋权利的丧失则是主权丧失的重要表现。比如,海口和长江任由外国兵轮随便出入,“跑得比中国人还熟些”[2]。作为国家主权一部分,海权的丧失使得主权不完整,所以国人极力主张收复海港权、领港权、航路权等海洋权利。其次,认识到海洋国土是国家领土的一部分,海洋国土的丧失表征了国家领土不再完整。陈绍宽认为一个独立国家包括土地、人民和主权,土地包括领海领土,海权被人侵占比陆地被人侵削更厉害,因为把守不住作为国家门户的海洋,“海算是国家的门户,譬如住家,必有大门,大门以内,要开便开,要关便关,当然属诸主人的主权,别的人都不容任意出入。如果大门先把不

---

① 陈独秀:《陈独秀文章选编》,北京:生活·读书·新知三联书店,1984 年版,第 40 页。

② 陈独秀:《陈独秀文章选编》,北京:生活·读书·新知三联书店,1984 年版,第 51 页。

住,那末外人随意进出,就是盗贼也可以升堂入室,予取予求,还有什么主权不主权呢"①? 海洋国土被侵占,也就随之失去了建立其上的海洋权利,国家主权也就随之丧失。正是基于从国家主权和领土完整的高度对海洋权利重要性的认知,激发了民国时期各界人士收复和维护海洋权利的斗志和决心,在收复引水权、捍卫渔权、接收南海诸岛等海洋权利维护的实践中收效颇丰。

### 三、作为海洋权益的海权

这里的海洋权益特指由海洋权利产生的各种经济、政治、文化等利益。②古代中国对海洋利益的认知基本停留在把海洋视为"舟楫之便""渔盐之利"以及防御外敌入侵的天然屏障等方面。晚清以降,海洋不仅未能实现抵御外侮之目的,反而变为列强侵略之通途,这也进一步促进了国人海洋观念的变化,海洋的防御价值弱化,其经济价值逐渐凸显。随着海洋观念的转变,国人的海洋经略意识进一步觉醒并努力付诸实践,在海洋运输业、海洋渔业、沿海垦牧等方面取得较大发展。与此同时,晚清时期国人对发展海洋经济的认知,经历了从单纯的经济活动到作为维护和争取海权策略的转变历程。换言之,发展海洋经济也是维护海权的重要渠道之一。到了民国时期,国人更加认识到了海洋经济发展的多维价值。首先,发展海洋经济有助于巩固国防。以发展海运业为例,"发展海运,既足以充实经济,复能够助长国防。海运进展就富强,反之就贫弱"③,海洋经济的发展可以促进国家富强,国家富强反

---

① 高晓星:《陈绍宽文集》,北京:海潮出版社,1994年版,第4页。

② 张文木:《论中国海权》,北京:海洋出版社,2010年版,第7页。

③ 翁军、马骏杰:《民国时期中国海军论集》,济南:山东画报出版社,2014年版,第55页。

过来又可以为海洋经济的发展提供保障，二者互为条件，相互促进。其次，发展海洋经济是与列强争夺海洋权益的重要手段。列强在中国的侵渔、垄断海上贸易、开采南海诸岛的矿产等行为都是对中国海洋权益的侵占，这固然与中国缺乏强大的海军抵御侵略有关，同样与中国的海洋经略意识淡薄和开发利用海洋的能力不足不无关系。列强对中国海洋利益的侵夺激发了国人争取海洋利益的决心，为了"阻塞这利权外溢的漏厄"，民国时期在发展远洋航运业、海洋渔业等方面取得了重大进展，提升了经略海洋的能力，争取了部分海洋权益，在一定程度上遏制了列强侵夺中国海洋利益的步伐。但是，由于多方面因素的制约，民国海洋经略能力还是有限的。

总之，海权观念在近代中国经历了一个复杂的嬗变历程，民国时期的海权观念是这个嬗变历程中的重要一环。由于国内国际环境发生的变化，民国时期对海权观念的认知相对于晚清而言，其内涵更加全面。除了从海洋权力去认知海权外，更加强调了作为海洋权利和海洋权益之海权的重要性。同时，国人对海权内涵的海洋权力、海洋权利及海洋权益三要素彼此间的关系有了深入认知，其认知逻辑是中国由于缺乏强大的海洋权力导致海洋权利和海洋权益丧失，海洋权利丧失使得国家主权难以完整，海洋权益遭受侵夺使得国家利益进一步外溢。概而言之，海洋权力的衰弱直接影响到国家的主权和领土完整、经济利益保全、国防安全甚至民族生存等等，建设强大的海军以夯实海洋权力是维护海洋权利和争取海洋权益等问题的逻辑起点。同时，加强对海洋权利和海洋权益的捍卫反过来会为海洋权力的夯实提供条件，而夯实海洋权力当务之急就是建设一支新海军。

# 第三章　民国海权战略之一:加强海军建设

## 第一节　海军建设的必要性

明朝以前,中国的造船业和航海业在世界上处于领先地位,然而在近代却落伍了。西方学者指出,明朝郑和七下西洋之后,"这支当时世界上最强大的海军却被统治者解散。政权更迭、朝堂派系斗争、北方游牧民族频频来犯等问题交织在一起,使得这个帝国主动放弃对海上霸权的追逐,由此改变了自己的命运"①。鸦片战争以降,在遭受西方列强的"坚船利炮"入侵后,晚清政府开始建设近代海军以抵御外侮,"中国近代海军在中国近代史上占有特殊的位置。自从19世纪中叶被西方列强的坚船利炮打开海防大门之后,中国就开始了酝酿筹办近代海军的历史活动。它的诞生、发展、衰落,无不与中华民族经受的危机和苦难密切相关"②。近代中国海军建设起于晚清,为了抵御由海而来的外侮,晚清政府着力建设一支强大的海军以实现海防之目的。晚清海军的实力,就其

① ［美］詹姆斯·R.福尔摩斯、［美］安珠·C.温特、［日］吉原恒淑:《印度二十一世纪海军战略》,鞠海龙译,北京:人民出版社,2016年版,第1页。
② 海军司令部《近代中国海军》编辑部:《近代中国海军》,北京:海潮出版社,1994年版,第1页。

吨位、航速、舰载火力、装甲防护水平以及诸要素的综合实力来看,位列同时期世界海军的第 10 位。①经过艰苦努力所建设的海军最终在甲午战争中几乎化为乌有,直至清朝覆灭前,也没有真正实现海军重建的目标。到了民国时期,帝国主义列强未有停止侵略中国的步伐,国人突破了晚清只是把海军视为海防工具的认知局限,从民族存亡和国家强弱的高度重新审视新海军的时代价值。一方面,民国海防和海权陷入双重危机,而旧有海军已经难以承担起保家卫国之重任,迫切需要建设强大的海军以维护国防安全、国家主权和领土完整;另一方面,海洋利益的维护和发展以及国外护侨等也亟须海军提供支撑力量。随着西方海权论在中国进一步传播,国人关于海洋的权利意识和经略意识逐渐增强,海洋在国家生存发展中的重要性更加凸显,而海洋权利维护和海洋经略离不开强大海军的支撑。与此同时,民国时期世界海军发展迅速,空军在战争中的作用日益凸显,这些给民国海军建设提供参照标准的同时,也提出了更高的建设要求和挑战。与帝国主义列强建设强大海军以实现海上霸权争夺的目标不同,民国时期建设新海军的根本任务是为了筑牢国防安全、维护海洋权利及争取海洋利益。

## 一、筑牢国防安全之需

鸦片战争以降,中国的边防危机逐渐从西北边疆转移到东南沿海,海防开始成为国防的重心。到了民国时期,海防尽废,外侮纷乘,国家安全受到威胁,迫切需要建设强大的海军以筑牢国防安全,这种急迫性体现在各界人士的呼吁中。

首先,海防依然是国防重心。晚清海防建设并未扭转有海无

---

① 皮明勇:《中国近代军事改革》,北京:解放军出版社,2008 年版,第 298 页。

防的局面,到了民国时期,海防危机仍然是边防安全危机的重要表现。随着世界海权竞争由大西洋向太平洋及远东地区的转变,中国成为争夺的焦点,有海无防无疑将会严重威胁到中华民族之生存。晨园在《我国国防与海军》一文中指出:"今则事变境迁,国防之重心,早由西北方面之陆,而移于东南方面之海矣。"①边防危机的转移,凸显了海防的重要性,无海防即无国防。胡宗谦的《国防破碎中之中国海防与海军建设问题》一文指出,"海防废弛,不仅军舰凋零,即海岸要塞,亦破败陈旧。益以不平等条约之结果,沿海良港,大抵被租;通商口岸,外舰纷屯,所谓海防,殆已破碎,一旦有事,立受威胁。际兹国际风云瞬息万变之秋,中国虽酷爱和平,然为自卫起见,亦不得不从事海防建设,以维护民族之生存,领土之完整。"②众所周知,中国的海防危机始于晚清。晚清以降,国防危机逐渐从西北转向东南沿海,晚清政府采取了"海陆兼防"的防御战略,标志着近代中国边防战略的重大调整。到了民国时期,把海防的重要意义与民族生存联系起来,标志着新的国防观产生,这种基于民族国家观念产生的新国防观,更加强调武装力量在抵御外侮和维护国家生存安全中的作用。③国家安全和民族生存建立在国防安全基础上,而当下国防重点在海防,建设一支强大的海军以实现海防也就显得尤为迫切了。

其次,海军为海防之要。海防是一个系统防御工程,涉及海、陆、空军的配合,而海军起关键性作用。尽管如此,民国时期严重的海防危机似乎并未引起所有人对海军的重视,正如刘纯巽在《中

---

① 翁军、马骏杰:《民国时期中国海军论集》,济南:山东画报出版社,2014 年版,第 19 页。

② 胡宗谦:"国防破碎中之中国海防与海军建设问题",《前途》,1935 年第 8 期。

③ 皮明勇:"中国近代国防观念发展论",《历史教学》,1994 年第 12 期。

国海军在抗战时期中之主要任务》一文中所描述的,"社会上许多人士忽视了海军在中国国防上的重要性或竟忘却了中国海军的存在。只要稍具有一些军事常识的人,就知道国家的第一道防线是在海里,假如我们有一个现代国家起码条件的防御海军,我们就可以在敌人侵入我领海之先,与敌人以相当的打击,即使敌人在某处能达到强行登陆或侵入我内地的企图。"①即使到了中日战争爆发,日本海军给中国带来的血的教训依然未能让国人领悟到海军与国防的密切关系,"就是因为不认识各国和敌国海军的实况,所以便不知道海军对于中国国防上的关系。因为没有人知道这种关系,所以就没有人去注意中国的海防,因为不注意海防,所以没有人去促进建设海军。因为中国没有海军,所以到了抗战的时候,敌人乘我海防空虚,就敢来侵犯我们的土地,封锁我们的沿海,长驱直入我们的内河腹地,而造成今日的种种困难。"②海军没有受到重视有主客观双重原因,客观上由于财力有限,有限的军费无法满足建设强大海军的需求,主观上是重视空军而轻视海军在海防中的作用。总之,为了有效抵御外敌入侵,实现民族生存,除了建设陆军、空军外,必须建设足以自卫的新式海军,正如陈绍宽的《海军与国防之关系》一文所总结的,"今则外侮纷乘,国防益亟,所资以自卫者,舍振兴海军不为功"③。

## 二、维护海洋权利之需

　　海洋权利是由国际海洋法等法律法规认可的主权国家享有

---

① 刘纯巽:"中国海军在抗战时期中之主要任务",《海军整建月刊》,1940 年第 3 期。

② 郭寿生:"抗战中对于敌国海军应有的认识",《整建月刊》,1940 年第 1 期。

③ 陈绍宽:"海军与国防之关系",《教育与国防》,1936 年第 1 期。

的涉海权利。晚清时期,与西方列强签订的一系列不平等条约导致中国诸多海洋权利丧失。民国时期,随着西方海权论进一步传播以及国家主权意识的觉醒,国人的海洋权利维护意识空前提升,而海洋权利的收复与捍卫皆有赖于建设强大的海军作后盾。

首先,海洋权利是国家主权的一部分。袁著的《整建海军的意义和几个军港的商榷》一文认为,"主权完整,不仅是指领陆,同时也指领海和领空"。①海洋是国土组成部分,侵犯海洋权利就是侵犯国家主权。就海权与陆权比较而言,陈绍宽甚至认为侵占海权比侵削陆权的后果更严重,因为作为国家门户的海洋在晚清就遭列强攻破,列强升堂入室,随意进出,"还有什么主权不主权呢?"②陈独秀也认为外国兵轮在中国海口和长江随便出入,"跑得比中国人还熟些"③,海洋权利不保则国家主权自无完整可言。不平等条约是外国炮舰在中国随意进出的护身符,"从数量上来说,并不是难以对付的军事力量,尽管外国军队的这些部署,是中国被迫同意接受的国际协定……有其法律根据;但外国在华势力,无疑是对中国主权的肆意践踏"④。总之,国内海权丧失和国际海权竞争激发有识之士从国家主权高度审视海洋权利的意义,无疑是对晚清时期国人海洋权利观念的超越,使得海权认知得以进一步深入。

其次,海军是维护海洋权利的首要工具。自晚清以降,一系列

---

① 袁著:"整建海军的意义和几个军港的商榷",《整建月刊》,1940年第1期。

② 高晓星:《陈绍宽文集》,北京:海潮出版社,1994年版,第3—4页。

③ 陈独秀:《陈独秀文章选编》(上),北京:生活·读书·新知三联书店,1984年版,第51页。

④ [美]费正清、[美]费维恺:《剑桥中华民国史》(上卷),杨品泉、张言等译,北京:中国社会科学出版社,1994年版,第148页。

不平等条约的签订使得中国海权丧失严重。民国时期列强继续侵夺中国仅剩的海权，海军在抵御外敌入侵、收复和捍卫海洋权利中发挥了关键性重要作用。因为民国时期的海权收复和捍卫固然离不开外交等手段，但强大的海军则是重要后盾，正如陈绍宽在《对于国防上之感想》一文中所指出的，"领海内之各种权利，亦皆横受外人之剥夺。非有相当力量，以拥护我应有之海权不可。一言以蔽之，即非有相当之海军实力，不足以达兹目的。"①另外，陈绍宽的《我国海军之建设及演进》一文再次强调："故我国欲脱不平等条约之羁束，恢复固有之海权，第一步须先充足海军实力。"②为了打破不平等条约的限制以恢复固有海权，需要强大的海军作后盾。海权收复固然需要海军，如何捍卫收复的海权以免遭他国再次侵夺，更加需要发挥海军支撑的作用。易克秉以捍卫海关权为例，说明海军的不可或缺性，"我国海关的管理权仍操在外人之手，要想收回，也不专凭着外交的方式，纵使能顺利的收回，则收回之后，关于海关的巡弋与缉私，也不能不依靠着海军的力量"。③总之，海洋权利是国家主权的一部分，为了维护国家领土和主权完整，需要尽快收复丧失的海权和捍卫现有海权，而收复和捍卫海权除了外交手段以外，也离不开建设强大的海军作为保障，失去了强大的海军支撑，海军外交也就难以实施。一言以蔽之，"为着来日我们自己国家的领土和主权的完整，我们需要海军"④。

① 　高晓星:《陈绍宽文集》,北京:海潮出版社,1994年版,第170页。
② 　翁军、马骏杰:《民国时期中国海军论集》,济南:山东画报出版社,2014年版,第154页。
③ 　易克秉:"海军在中国国防上的重要性",《海军建设月刊》,1941年第2期。
④ 　翁军、马骏杰:《民国时期中国海军论集》,济南:山东画报出版社,2014年版,第369页。

### 三、争取海洋利益之需

晚清以降,列强对中国海洋利益侵夺激发了国人海洋经略意识,在海洋运输业、海洋渔业、沿海垦牧等方面都取得了一定的发展。到了民国时期,社会各界人士对发展海洋经济有了更深入的认知,海洋经济相对于晚清而言有所进步,而海洋经济的发展需要强大的海军作后盾。

首先,发展海洋经济既有助于巩固国防又能减少列强对我国海洋利益的侵夺。就有助于巩固国防而言,李一萍的《明日的中国海军》一文指出了海洋经济与国防之间的辩证关系,"有了经济,方可以巩固国防,无国防怎能保护经济。经济和国防,实相需相成。同时发展海运,既足以充实经济,复能够助长国防。海运进展就富强,反之就贫弱。"[1]海防建设需要国民经济发展,而海洋经济则是国民经济发展新的增长点,尽管晚清以降我国海洋经济发展取得了一定成效,但相比而言并未得到充足发展,其原因既与外敌对我国海洋利益侵夺有关,更与自身海洋经济发展能力不足有关。因此,民国要深刻认识到海洋经济发展的重要意义,并努力通过各种路径付诸实践。就列强对我国海洋利益侵夺造成的影响来看,过去中国是工商业落后的国家,鸦片战争以降逐渐成为列强的公共市场,每年的入超已严重威胁到民族经济的发展,"我国连年经济漏卮,为数甚巨,仅就国际贸易运费的损失,年达一万万元以上"[2]。如何阻塞这利权外溢的漏卮,廖宗刚在《海军与国防及商业之关系》一文中认为,"中国是个工商业落后的国家,向来成为列

---

[1] 李一萍:"明日的中国海军",《先导》,1933 年第 8 期。

[2] 李世甲:"对周亚卫先生'中国的国防'之商榷",《整建月刊》,1940 年第 2 期。

强的公共市场,每年入超达到威胁民族经济的数目,这是多大的一种损失！我们如果要阻塞这利权外溢的漏卮,除了一方面竭力开发国内的富源和振兴工业外,另一方面,发展商业和致力经营海运也是要举之一。"①列强对我国海洋利益的侵夺与我国海洋经略意识的薄弱和海洋开放利用能力不足也有一定的关系,纵然我们不会与列强在他国争夺殖民地或市场,但至少要提升经略海洋以及与列强竞争的能力,尽力减少列强对我国海洋利益的侵夺,以促进国民经济的发展。

其次,海军是争取海洋利益的重要保障。与陆、空军只是耗费资源不同,海军还能通过保护鱼盐、水利、通商、海外侨民以促进国家利益增长,"所有鱼盐、水利、通商事业,以及海外侨民,无不赖以保护"②。一是就海军保护航业运输而言,如若有强大的海军则随时可以保护商航,增进国际贸易,促进海洋经济发展。关于海军对于发展海运业中的重要作用,马汉在《海权论》中早已指出,"在现代条件下,濒海国家的国内贸易只是其全部贸易的一部分。而外国的必需品或者奢侈品必须由本国的或外国的船舶运来。这些船舶返回时又从事这一地区的产品交换,所交换的产品或是大自然的产物。或是人们的劳动成果。但是每一个国家都希望这种运输业应该由本国的船舶来承担。这些船舶返回时必须有安全的港口;整个航行期间,国家尽可能为船舶提供护航。战时,这些运输船舶必须由武装舰船提供保护。"③马汉关于海军与海运业发展的

---

① 廖宗刚:"海军与国防及商业之关系",《海军整建月刊》,1940年第3期。

② 翁军、马骏杰:《民国时期中国海军论集》,济南:山东画报出版社,2014年版,第154页。

③ [美]阿尔弗雷德·塞耶·马汉:《海权论》,范利鸿译,西安:陕西师范大学出版社,2007年版,第42页。

关系的论述尽管是特定历史条件下的产物,但今天依然有着重要的启示意义。民国时期诸多有识之士对海军建设与海洋运输业发展的关系进行了论述。李世甲指出,"建设海军,并不是点缀国家体面问题,而是关系整个国防及经济等多方面的问题","我们因为没有大规模行业公司,通航世界,所以才受外国人的剥削,所以国际贸易不易于发达,然一个国家航业的兴衰,要以该国海军力量为转移。我们有强大的海军,随时可以保护商航,增进国际贸易。……海军实力的强弱,直接关系海运前途和国际贸易,间接即影响国家经济,其理由当甚明显"①。国家经济受海洋航业发展影响,而航业兴衰又与海军力量的强弱不无关系,所以中国亟须建设强大的海军为海运业发展提供安全保护。另一方面,海军发展也会带动造船业、工商业的发展,进而促进国家经济发展。二是就保护海洋渔业而言,由于民国缺乏强大海军保护沿海渔权,导致列强侵渔事件频发,渔民相率流为盗,对于国防民生损害极大。郭寿生的《新海军建设计划的研讨》一文指出,"不仅渔权的保障与渔民的保护两件大事,必须也只有政府来做,即如渔港的建设,渔业区的划分与渔场的范围,对于渔民的组织渔业的整理与沿海盗氛的清除,应有海军与渔业部分协同计划推行。"②渔业发展固然离不开海军的保护,而渔业发达同样也可增加国家收入,进而为海军建设提供经济基础。三是就保护侨民而言,也离不开海军。我国侨民之多为世界第一,而华侨不能和所在国其他侨民同等对待,其主要原因是缺乏祖国的海军保护,因此李世甲认为,"惟是侨胞托命于异国国旗之下,受各帝国主义者种种凌辱,苛捐杂税,横征暴敛,甚

---

① 李世甲:"对周亚卫先生'中国的国防'之商榷",《整建月刊》,1940年第2期。
② 郭寿生:"新海军建设计划的研讨",《新海军》,1946年第2期。

至惨遭杀戮，艰苦备尝。如果我们有雄厚的海军，时常宣慰护卫，则帝国主义自可稍戢其凶焰。即侨胞的地位，亦得以增进，生命财产的安全，亦能获得相当的保障"。①自晚清以来，我国也有过军舰护侨行动，但由于海军实力有限，总体收效不大。另一方面，有效护侨也可以激励更多的侨胞为海军建设出力出资，每年华侨寄归款项是"国民总收入中，增加大宗强有力之资本"②，华侨"每年捐助祖国，数在数万万元以上，裨益于抗建前途，非常伟大。国际收支的赖以均衡，发币基础的赖以巩固，皆华侨经济之助力"③。总之，只有建设强大的海军才能实现护侨目的，对华侨的保护又会获得更多的赞助去建设海军，二者相互促进。

## 第二节　海军建设的内容

海军是高技术兵种，因此海军发展与科技发展关系紧密。到了民国时期，随着科学技术的进步，世界海军的发展也日新月异，无疑对中国海军建设提出了更高的要求。为了重建紧随世界海军发展步伐的新海军，民国社会各界人士进行了艰苦的探索，有识之士提出："改造海军军人的思想，促进海军军人的觉悟；打破畛域的私念，求全国海军的团结；改良兵士的生活，解除军人的痛苦；介绍军事及社会的学识，提高海军军人教育；登载世界各国海军的状况，以供国人的参考；谋建设足以自卫地防御列强侵略，并保护海外华侨工商业的海军，从国民方面，努力这种计划的成功。"④概而言之，新海军建设内容包括明确建设目标、加强装备与基地建设、

---

①③　李世甲："对周亚卫先生'中国的国防'之商榷"，《整建月刊》，1940年第2期。
②　曾浩春："华侨与海军"，《华侨周报》，1933年第32期。
④　真隐："'新海军'出世的话"，《民国日报》1924年底6卷第29期。

提升人才培养质量及健全组织制度体系等方面。

## 一、明确建设目标

不同时期不同国家的海军建设目标总是以实现其特定时期的具体任务为指向。如上文所述,民国时期的海军需要承担多重任务,因此其建设目标相对于晚清而言有更高的要求。基于对晚清海军发展经验教训的汲取以及对民国国防安全问题的研判,民国制定了更加明确且符合客观实际的海军建设目标。

首先,海军建设首要目标是为了巩固国防乃至太平洋安全。海军尽管有多重功能,但对于当时的中国而言,维护国防安全则是海军的首要目标。郭寿生在《中国要建设六十万吨海军之理论检讨》一文中指出,非如其他帝国主义国家扩充海军以侵略他国利益为目的,我们建设新海军则"纯基于对本国家求自存,对国际求共存,非如其他帝国主义者的国家,以扩充海军为手段,以侵略弱小民族,攫取其权利为目的所可比。所以我国无需侵略式的庞大海军,只求不使敌舰开入我国领海领江,不使敌人一兵一卒侵入国境一步"①,这表明了中国海军建设与帝国主义列强海军建设目标上的根本区别,以防卫为目标也决定了中国海军建设的规模。另外,由于太平洋安全与否关乎我国海防安全,正所谓"太平洋一日不安,我国国防也一日不安",太平洋安全是我国海防安全的前提,所以中国海军还要把维护太平洋的和平安全作为目标。基于上述双重目的,有识之士探讨了中国海军建设的战略目标,正如郭寿生指出,"第一,要使我们的邻海达到绝对的安全,以防任何敌人再利用

① 郭寿生:"中国要建设六十万吨海军之理论检讨",《海军整建月刊》,1940 年第 4 期。

太平洋以侵略我国，以封锁我国际通路及进出海洋的自由；第二，必须建立新海军，以树立太平洋的永久和平，同时维护我国际的运输贸易与保障海外侨胞的安全。"①郭寿生提出的从近岸防御向近海防御转变的战略防御思想无疑是有远见的，是对晚清以降海军近岸防御战略的超越，这同时给海军建设提出了更高的要求。当然，就中国当时的财力、国防重工业基础来看，还不足以立即建设一支足以实现近海防御的强大海军，所以还需根据实际情况分期进行海军建设。另外，郭寿生指出了海军除了战略防御功能外，保护海上贸易及海外侨胞安全也离不开海军支撑，彰显了海军功能的多样性以及海军建设的迫切性。

其次，树立假想敌作为海军建设的参照目标。"一个国家既在地球上占一位置，绝地不会缺乏假想敌的。因为地理经济商业交通的关系，或历史的恩怨，种族的纠纷，使得地球上每一个国家，或多或少或轻或重，都有其假想敌国，而事实上疆土相接或距离紧密的邻国，每每成为自然而然的敌国，如中国之与日本，德国之于法国。"②假想敌既然客观存在，那么不去树立假想敌或者不同历史阶段选错了假想敌，都会使自己陷入困境。晚清海防和海军建设由于未能树立明确的假想敌，采取了全面铺开的建设方式，既难以集中财力、人力，也使得建设失去重点和方向，这一教训引起了民国对树立假想敌的高度关注。一是关于树立假想敌的必要性问题讨论。晨园认为，"夫国防之设，本以豫想敌为标准，有敌国外患，而不量其地形，权其先后，犹之等于不设。"③假想敌的设想要考虑

①　郭寿生："新海军建设计划的研讨"，《新海军》，1946 年第 2 期。

②　翁军、马骏杰：《民国时期中国海军论集》，济南：山东画报出版社，2014 年版，第 450 页。

③　晨园："我国国防与海军"，《海事》，1930 年第 11 期。

到地缘特征。西方列强的海军建设方略无不与假想敌的设想有关，君威认为即使英、美等列强也"无不以其假想敌建立坚定的国策，再根据坚定的国策确定其海军政策，其海军建设的数量、质量，甚至性能、舰队组织都无不和其国策有密切关系"①。有了假想敌，海军建设才能有标准，从而在海军的质与量上压倒对方，达到不战而威、和平可保之目的。②田汉甚至把我国过去海军建设的失败全部归因于假想敌的阙如，认为"其他一切缺点可以说都从这一缺点产生出来的"③。总之，假想敌的正确树立是海军如何建设的直接依据，可以避免海军建设的盲目性，做到有的放矢。就海军实现防御目标而言，需要参照假想敌的海军实力及其舰炮数量、结构等，以战胜假想敌作为海军建设的目标。二是关于应该树立多少假想敌的问题，多数人认为应当树立一个假想敌。鉴于日本从晚清以降侵占我国海疆的事实，推测日本会继续把中国作为侵略对象，因此"可认定未来最大的敌人，只是东方的日本，所以我们海防建设所决定的海防政策和所认定的假想敌人亦必日本无疑"④。少数人如胡宗谦则认为，不必把哪个具体国家设定为假想敌，而是把侵略中国者视为假想敌，"窃以中国今日海防建设，非对某一国而设，亦非对某一国泄愤，乃为准备保卫中国民族之生存，领土之完整而建设者也。惟是，中国他日之海防建设，并无假想敌人，凡侵我犯我者，皆假想敌也。此为中国海防建设应异于他国之处。"⑤如前所述，这种不设假想敌的海军建设在晚清已带来深刻

---

① 君威："恢复整建海军的领导机关——海军部"，《整建月刊》，1940 年第 2 期。

② 田汉："关于中国海军的几个问题"，《整建月刊》，1940 年第 1 期。

③ 田汉："关于中国海军的几个问题(续)"，《海军整建月刊》，1940 年第 9 期。

④ 郭寿生："我国海防建设注重点在哪里"，《海军建设月刊》，1941 年第 2 期。

⑤ 胡宗谦："国防破碎中之中国海防与海军建设问题"，《前途》，1935 年第 8 期。

教训,因此不设具体假想敌的观点并未获得多数人的认同。三是
关于如何根据假想敌调整海军建设标准问题。各界人士普遍认为
陆、海、空军之间的比例要视假想敌而定,海军建设要以实现有效
抵御假想敌为目标。如星德在《海军国防论》一文中指出:"立国之
道,陆海空军是缺一不可的,但其相互间的比例可不同,而且事实
上亦不能相同,其间比例究竟应以何为标准呢? 那就要看它的假
想敌如何了。由于假想敌的关系,宿命地使一个国家成为陆军国,
海军国,空军国,使它的国防重心置于陆军,海军或空军。又每一
国的建军标准,军备实力,恒以其假想敌为准。其数量总以能抵抗
其假想敌,力足自卫而后可。"①概而言之,假想敌对于海军建设尤
为重要,海军如何建设并无固定的模式,要因假想敌的不同而做出
相应的调整。民国强调海军建设中树立假想敌的重要性,相对于
晚清海军建设而言,是一种巨大的进步,为海军建设指明了方向。

**二、加强装备与基地建设**

作为高技术军种的海军,对装备和基地有极强的依赖性。民
国各界人士结合世界海军发展的形势以及海权战略来探讨装备和
基地建设,尽管观点不尽相同,但对装备和基地建设的重要性和迫
切性的认知却是基本一致的。

首先,关于装备建设。民国海军装备建设是在晚清遗留下来
的海军装备基础上完成的。海军装备建设的途径主要包括新造和
外购舰艇及改造旧舰艇等。1913 年 3 月 21 日海军部向国民政府
提交的《海军部呈第一次置舰计划》提出十年计划,第一期可先行

---

① 翁军、马骏杰:《民国时期中国海军论集》,济南:山东画报出版社,2014 年版,
第 450 页。

守防计划,第二期行巡防计划,各以五年为限,共计十年。守防计划计划在大沽口等沿海十九处重要港湾,设守防具备,统计各舰、船、艇 219 艘,营、库、厂、坞 66 所。第二期新增舰船 100 多艘,约 35 吨。[1]由于此项计划耗费巨大,政府财政无能力支持,最后计划搁浅。无数仁人志士都清醒地认识到海军装备的强弱将会直接影响到抵御外侮的成败。胡宏基在《军舰新界说与中国海防》一文中认为,"一二八"淞沪抗战暴露了中国海军装备的落伍,"顾中国海军实力,军舰大小虽近百艘,而总吨数,不足十万吨。且所有之种类,多偏重内争,适用剿匪,适宜自杀之军舰,而乘风破浪宣扬国威之横海楼船,殆百无一见。"[2]民国拥有的舰船的吨位和先进性都难以承担成功御敌于海上的重任。因此在建设海军装备方面,尤其是舰种配备、舰型选择、舰能趋向等皆须通盘筹算,切实计划。石竹认为应根据轻重缓急制定建设的短期和长期计划,并逐步完成,"应急的,是从速建造潜艇;治本的,是分期建造全部军舰"[3]。就应急而言,普遍认为建造潜艇最适用,原因在于潜水艇利于防御且能袭击敌人的战斗舰,而战斗舰对之防御则甚困难,"最小的鱼雷艇将因此要比威力最大的装甲舰厉害"[4]。但同时也要注意到,潜水艇防御政策"仍有赖乎坚固之海军根据地。而此种根据地,一方固须巩固之要塞,他方亦须有相当之战舰为之掩护。"[5]就长远计划而言,"我们明日的海军,应以潜舰为骨干,而辅以巡洋舰和驱

① 杨志本:《中华民国海军史料》,北京:海洋出版社,1987 年版,第 152—160 页。
② 翁军、马骏杰:《民国时期中国海军论集》,济南:山东画报出版社,2014 年版,第 28 页。
③ 石竹:"整顿中国海军问题",《行健月刊》,1933 年第 1 期。
④ 《马克思恩格斯选集》(第 3 卷),北京:人民出版社,1972 年版,第 213 页。
⑤ 翁军、马骏杰:《民国时期中国海军论集》,济南:山东画报出版社,2014 年版,第 118 页。

逐舰,为之掩护。至于主力母舰和航空母舰,得到相当时机,才来建造,也属未迟。"①1934 年国民政府的《国防计划》详述了海军建设中的造舰政策、造舰计划以及海军整理计划。就造舰政策而言,"一、舰艇之诸性能,以适于在中国海海上之战斗为主,而合于防御的攻势之主义下之要求。……二、海军飞机之型,就其能与舰队协同作战者之中,择其适当而优秀者充之。"②就造舰计划而言,"第一期五年造舰计划如下:向导舰,2 400 吨 1 艘;驱逐舰,800 吨 16 艘;潜水艇,600 吨 21 艘;布雷舰,800 吨 4 艘;扫雷舰,600 吨 8 艘;水上飞机暴击机,150 架。"③由于政治动荡、经费短缺等原因,这项计划也未能完全实现。总之,装备建设既要能达到御敌目的,又不能忽视国家财力的实际状况,因此要根据国家的客观条件逐步推进。1927—1937 年本国自造舰艇包括炮舰类 13 艘、轻巡洋舰 1 艘、巡洋舰 1 艘,本国改造舰艇包括轻巡洋舰 2 艘、潜水炮舰 2 艘、现充测量舰 1 艘、江防炮舰 1 艘、炮艇 4 艘、现充炮艇 1 艘。海军部 1928 年拥有的舰艇为 50 余艘,计 34 261 吨;至 1937 年抗日战争前,为 53 艘,40 813 吨。④抗战前中国海军舰队编制数量大致如下:第一舰队:巡洋舰 5,炮舰 5,驱逐舰 1,运输舰 2;第二舰队:炮舰 15,鱼雷艇 4;第三舰队(东北海军):炮舰 3,驱逐舰 1,运输舰 2;第四舰队(广东海军):巡洋舰 1,炮舰 21,鱼雷艇 4,运输舰 1;练习舰队:练习舰 2;巡防队:炮舰 14;测量队:测量舰 3,测量艇 2;电雷学校:鱼雷艇 15,炮舰 2,布雷舰 2,练习舰 1;东北江防舰队:炮舰

① 李一萍:《明日的中国海军》,《先导》,1933 年第 8 期。
② 杨志本:《中华民国海军史料》,北京:海洋出版社,1987 年版,第 217 页。
③ 杨志本:《中华民国海军史料》,北京:海洋出版社,1987 年版,第 217—218 页。
④ 海军司令部《近代中国海军》编辑部:《近代中国海军》,北京:海潮出版社,1994 年版,第 922—923 页。

5;未编队:巡洋舰2,炮舰1,鱼雷艇2,运输舰1。①尽管民国的海军装备建设取得了一定的发展,但无论是数量还是质量,与世界各海洋强国的海军装备比较而言,都还有很大的距离。

其次,关于军港建设。军港是专供舰艇使用的港口,在海军兵力的驻屯、训练和战斗活动发挥着十分重要的作用。自甲午战败后,中国军港不是为敌人所割据,就是受条约所束缚,严重阻碍了海军发展。民国初年,军港建设列入计划。1913年的《海军部请以马尾暂作军港呈文》指出,"海军以军港为根据,无事之秋于以操息,战端既兴资之掩护。军港不具,虽有雄狮莫之为用","是以前者详察沿海地理,先定威海、三都、榆林三港为南、北、中三大军港。并拟行之以渐,首筑三都,以次更及其余","查福建马江形势尚佳,前清历经修筑,设有船政局及防御炮垒,造船之机,修船之坞,大抵应有尽有。以此暂作军港,实最相宜"②。此报告得到应允。1934年的《国防计划》里的军港计划指出,我国有军港资格的是胶州湾、象山、定海、三都澳及大鹏湾。胶州湾和大鹏湾放在将来建设。象山、定海、三都澳皆宜公布其为军港,实施次序是象山最先,自第一年开始建设,第三年完成;三都澳次之,自第三年建设,第五年完成。定海将来再实施。③社会各界有识之士对军港建设提出了各自的看法。就军港建设必要性而言,军港是海军的保障,袁著在《整建海军的意义和几个军港的商榷》一文中指出,"要建海军,先要建军港,军港是海军的保障,没有军港,空谈建军,即使海军建

---

① 陈悦:《民国海军舰船志1912—1937》,济南:山东画报出版社,2013年版,第478—479页。
② 杨志本:《中华民国海军史料》,北京:海洋出版社,1987年版,第222—223页。
③ 杨志本:《中华民国海军史料》,北京:海洋出版社,1987年版,第267—268页。

设,也是无补于事,随时可以受到敌人的威胁。"①就军港建设途径
而言,可以通过收复或重新开辟来解决。玄楼在《海军统一论》一
文中指出,"舰队之须军港,犹鸟之有巢,兽之有穴,人之有宫室居
处也。我国海岸线万有五千余里,其港湾之足资为军港用者,固南
北皆有之。乃自甲午败后,非为敌人所割据,即受条约所缚束。今
能肆坛坫之周旋,图收复之壮举,策之上也。如其不然,当就未开
辟之港,从此开辟之,或就条约之可与商榷者改订者也。"②就建设
标准而言,军港必须跟上世界军事科学化日益迈进的步伐,中国军
港若缺乏科学的军备设置,实不足以御敌。就建设位置而言,"因
为海防建设必须建立海军根据地,没有根据地则海军等于虚设,我
们海军根据地的所在,必须建立在海防中心地带与其外围的台湾
和海南岛上。"③台湾和海南岛可以保持海上出路通畅,处于极为
重要的战略位置,所以当务之急要收复台湾和海南岛,以作军港之
用。总之,相比晚清而言,民国时期对军港建设的重要意义有着更
加深刻的认知,并有计划地进行建设,但是由于国内外各种因素的
制约,使得军港建设困难重重,进而阻碍了海军发展。

### 三、健全组织制度体系

　　海军制度是海军除了装备、人才外的第三大组成要素。海军
制度产生于社会需要且受到政治、经济、技术的影响。到了民国时
期,随着世界海军的发展,晚清海军遗留下来的制度体系已经难以
适应民国海军建设的需要。民国已经充分认识到海军制度重建的

---

① 袁著:"整建海军的意义和几个军港的商榷",《整建月刊》,1940 年第 1 期。
② 玄楼:"海军统一论",《海事》,1933 年第 11 期。
③ 郭寿生:"我国海防建设注重点在哪里",《海军建设月刊》,1941 年第 2 期。

紧迫性和重要性。王师复在《海军制度之理论与实际》一文中认为，海军制度是汇聚过往经验而形成的一种适合的组织、政策、法度的总和，新海军建设必须以此为准绳。有识之士认为海军制度体系建设路径有三：一是恢复海军部。①"在今日的世界之中，无论在保护或扩伸其自身经济活动上，没有一个国家无海军部的组织"②，海军建设"必须有一个具备足够能力的领导机关，来计划、推动和执行"③，必须把抗战初期的海军总司令部恢复为战前的海军部，"彻底肃清'政''令'二元制的谬见"④，使所建新海军部比旧有海军部更加先进。二是把国民兵役制运用于海军建设。星德认为，"今日我国兵役法已颁布，国民兵役制度已实行，那么凡及龄壮丁，视其气质，或听其兴趣，令其一部分入伍海军，造就伟大的海军人力基础。"⑤所以要在青年中营造易于入海军之门、崇拜海军的氛围。三是海军制度建设要凸显其特点且适合国情。在肯定"海军的军制应与陆空的军制处于并立的地位"⑥的同时，要认识到海军规章制度有其特殊风格。海军制度无法脱离具体的政治、经济及技术发展程度，"海军制度是站在社会生存的基础之上，它随生存的经济活动与技术的发展而发展，同时与政治条件同其变化。它绝不受现存军舰的数量之影响……为民族生存，我们需要海军，因而需要扩大现有的海军制度，相应于经济于技术发展的程度，并且还要适应国情而决定海军制度的方式"⑦。正是基于如上认知，民国加强了海军制度建设。

民国海军的领导机构经历了一个复杂的嬗变历程。民国初期，

---

①②④⑦　王师复："海军制度之理论与实际"，《海军整建月刊》，1940 年第 5 期。
③　君威："恢复整建海军的领导机关——海军部"，《整建月刊》，1940 年第 2 期。
⑤　星德："海军国防论"，《海军整建月刊》，1940 年第 9 期。
⑥　郭寿生："新海军建设计划的研讨"，《新海军》，1946 年第 2 期。

海军编成第一、第二舰队,隶属海军总司令部。"随着军阀纷立,政治斗争纷纭,海军将领往往率部投靠各派势力,全国无统一海军。国民党政府在形式上统一中国后,这种情况稍有改变。"①民国新建的海军领导机构和部队体制包括海军司令部、水上勤务和陆上勤务系统、后勤补给系统和造船机构以及海军陆战队等方面。海军总司令部隶属国防部,到 1948 年底,设有人事、情报海政、作战、供应、编组训练、技术等 6 个署,总务、副官、编纂、通讯、军法、军医、新闻、监察、预算等 9 个独立处和 1 个总司令办公室。海军总司令部下属的主要单位,除各海军学校外,可分为水上勤务和陆上勤务两大系统。水上勤务的最高单位是海军各舰队,最高指挥官是舰队司令,各舰队司令部直属于海军司令部。除了舰队以外,海军还组建了若干炮舰队,担负各港湾、浅水区以及江道的巡逻和作战。炮舰队隶属于当地海军最高行政机关。陆上勤务系统是把沿海区域分为 4 大基地,每个基地设一个基地司令部,负责该基地所辖各港湾的海军行政、警卫、补给、运输等事务。1948 年 5 月,各基地司令部改称海军军区司令部。战后新建的海军补给机构,虽均附属各级司令机关,但其财务、军需等业务和人员都是独立的。舰艇修造方面,战后恢复了上海、青岛、左营、榆林等造船厂,各巡防处设有海军工厂。1947 年,国民政府海军重新筹组陆战队。先后成立了海军陆战大队,在河南成立陆战第二大队,随后陆战第二大队扩编为陆战第一团,并在马尾成立第二团,随后又 2 个团于上海的陆战大队编成陆战第一师,继之成立陆战第二师。②

　　总之,尽管民国海军制度建设的认知和实践相对于晚清而言

---

　　① 茅海建:"中华民国军制述略",《历史教学》,1986 年第 4 期。

　　② 海军司令部《近代中国海军》编辑部:《近代中国海军》,北京:海潮出版社,1994年版,第 1045—1050 页。

取得了一定的进步,体现出一定的系统性,但是处于半殖民地半封建的中国,作为国家制度体系一部分的海军组织制度体系,其建设终究要受到诸多条件的限制,加上内战频仍和派系互相排挤,使得海军分裂严重,难以真正建立适合现代化海军发展的组织制度体系。

## 四、提升人才培养质量

众所周知,民国时期面临海防与海权的双重危机,而晚清遗留下来的海军力量又难以承担起保家卫国之重任。为了巩固国防安全,维护国家主权独立,收复丧失的海洋权利,民国亟须建设一支强大的新海军,而人才培养则是新海军建设的首要任务,"因为这些枪自己是不会动的,需要有勇敢的心和强有力的手来使用它们"[1]。近代中国关于海军人才重要性的认知经历了一个复杂的嬗变历程。甲午战争爆发前,装备建设一直被视为海军建设的重心。甲午战争的失败使国人认识到海军人才培养的重要性不亚于装备建设,甚至更加重要。正如王韬所言,"海战胜负,判在呼吸,稍涉粗疏,败亡立见,一船之中,众才不备,不可出战。海战得人,器为人用,然后可以战,可以不战,是为务求海战之人。海战之器,既求海战之人而用之;海战之人,又必求能用海战之人之一人,而驾驭之驱策之。"[2]到了民国时期,人才培养已被视为海军建设的重心,社会各界都认识到"海军教育者,兴复海军之基础也。夫不欲兴复海军则已,若欲兴复海军,则非预备人才不可。若欲预备人才,则非刷新教育不可。因现在之海军人才,只能作为海军过渡时

---

[1] 《马克思恩格斯全集》(第21卷),北京:人民出版社,2003年版,第258—259页。
[2] 海青:《中国近代思想家文库:王韬卷》,北京:中国人民大学出版社,2013年版,第290页。

代之用,年事日长,学识日旧,将来之新海军,非造就多数崭新人才,不足为用"①。过去学界关于民国海军人才培养的研究,多数是在研究近代海军教育或民国海军发展等问题中偶有涉及,把海军人才培养作为专题研究的成果屈指可数。作为海军建设的重要组成部分,民国海军人才培养成效直接影响到民国海军整体实力的强弱。因此,缺乏对民国海军人才培养问题的研究,很难对民国海军建设有全面而深入地了解并作客观的评价。民国海军人才培养通过学校教育和部队训练两种方式实现,本书重点考察的是海军学校人才培养问题。通过对民国海军人才培养成效及其困境的探究,总结其经验教训,以期在理论上拓展近代中国海军教育研究的视角,丰富近代海军建设研究的内容,实践上为当今我国海军人才培养提供借鉴和启示。

## (一)民国海军人才培养的途径

为了建设强大的海军以抵御外侮,晚清自 1866 年始创办了十余所"传统的封建文教体制边上长出来的新东西"②的海军学堂以培养海军专业人才。尽管当时海军人才培养"必以学堂为根本"③,为了学习西方国家先进的科学知识、舰船制造技术及驾驶技术,晚清政府还从学堂选派优秀学员前往英、法等国学习舰船制造和驾驶。晚清海军人才培养开启了近代中国海军人才培养的先河,为民国海军人才培养奠定了基础。与晚清海军人才培养途径相似,民国时期也主要是采取兴办学校和选派留学生的方式培养海军人才。

---

① 玄楼:"海军统一论",《海事月刊》,1933 年第 6 期。

② 陈旭麓:《近代中国社会新陈代谢》,上海:上海人民出版社,1992 年版,第 113 页。

③ 张侠:《清末海军史料》,北京:海洋出版社,2001 年版,第 411 页。

### 1. 兴办学校培养人才

民国时期兴办的海军学校包括改造清末遗留的海军学堂和创设新的海军学校两类,其中对旧有学堂的改造是主要部分。

第一,改造清末海军学堂为新式海军学校。民国建立时,晚清遗留下来的海军学堂,"地方色彩浓厚,是各种集团势力直属的军事教育机构,它们虽在办学规章制度和课程设置等方面互相参照仿效,但在经费、用人和组织计划等方面则各自为政,教育质量也参差不齐"①,海军人才培养难以做到统一规划和管理,无法保证海军人才培养的整体质量,因此"顾欲拓海军,必须统一教育,造育人才为入手之办法"②。为了化解这一人才培养之困境,民国时期大多数海军学校的管辖权由原来的地方管理改为海军部管辖,层级上划分成海军小学校、中学校、大学校三级教育体系。改由海军部管辖的理由是,"这些学堂初创之时,经费充足,成效昭著,现在设施破损,经费难筹,情形困难,亟宜收部维持;收辖之后,利用现有的根基重新开办,可收事半功倍之效,教育既归统一,则质量不致参差,学生毕业后可以统一分派,人才使用上可无窒碍。"③ 由旧学堂改造的新学校主要有福州制造学校、福州海军学校、海军军官学校、烟台海军学校、海军军医学校、黄埔海军学校、吴淞海军学校等十余所。各主要海军学校改造时间大致如下:江南水师学堂在1912 年改名为海军军官学校,被划分为中学校,1914 年并入吴淞海军学校;烟台海军学堂于1912 年改名为烟台海军学校,被划分为小学校;广东黄埔水师学堂于1912 年改名为黄埔海军学校,1917 年海军部接管,改名为广东海军学校,1930 年由广东省自办,

---

① ③　海军司令部《近代中国海军》编辑部:《近代中国海军》,北京:海潮出版社,1994 年版,第 807 页。

② 　杨志本:《中华民国海军史料》,北京:海洋出版社,1987 年版,第 409 页。

更名为黄埔海军学校；福州船政学堂前、后两学堂于 1913 年分别改名为福州制造学校和福州海军学校，其中福州海军学校被划分为中学校；北洋医学校于 1915 年改名为海军军医学校；吴淞商船学校1915 年改名为吴淞海军学校，1914 年底结束的南京海军军官学校并入吴淞海军学校，吴淞海军学校被划分为海军高级学校。①

总之，海军部对海军学校的管理，除了把学堂改称学校、监督改称校长、各级教习改称总教官、正副教官、协教官以外，另设佐理官、学监、书记官等。海军学校教育从分散走向统一，为海军建设的全局出发、统筹规划海军学校的发展建设、合理安排人才培养计划、督导检查提高教育质量以及物尽其用和人尽其才奠定了坚实基础，相对晚清海军教育而言是一个巨大进步。②由旧学堂改造的海军学校承担民国海军教育的主体，在培养目标、教学内容、管理方式等方面与晚清海军学堂有着明显区别，其改变动力源自努力跟上世界海军快速发展步伐。

第二，创办新的海军学校。由于旧有海军学校的专业设置难以跟上世界海军装备技术的发展，民国政府又创设了一些海军学校，包括："试办中级海军学校，进行高一级学术训练；开办专科教育，对海军学校毕业生和在职军官进行轮训，帮助他们掌握新式海军兵器；发展专业技术教育，跟踪世界海军新技术，培养从事各种业务技术的专业军官。海军部下属的一些性质机关，也根据业务需要开办了一些专业训练班。这些内容都是晚清没有的，是北京政府时期海军教育的发展"。③这些学校主要有福州海军飞潜学

---

① 杨志本：《中华民国海军史料》，北京：海洋出版社，1987 年版，第 1—85 页。

② 海军司令部《近代中国海军》编辑部：《近代中国海军》，北京：海潮出版社，1994 年版，第 808 页。

③ 海军司令部《近代中国海军》编辑部：《近代中国海军》，北京：海潮出版社，1994 年版，第 814 页。

校、海军雷电学校、大沽海军管轮学校、南京海军无线电学校、青岛海军学校、黄埔海军学校、海军军医学校等。①各主要学校的创办时间如下：1915年在南京海军军官学校旧址开设海军雷电学校，开办有鱼雷班、无线电班，1917年夏无线电班停办，3届共计84名毕业生；1917年10月，烟台海军枪炮练习所归并于南京海军雷电学校，改名为海军鱼雷枪炮学校，分为鱼雷和枪炮两个班，1927年停办，连同其前身海军雷电学校，12年共计毕业21届，毕业生400余人；1918年在马尾开设中国最早的一所培养飞机和潜艇制造的海军飞潜学校，学制为8年4个月，分甲乙丙三班，分为飞机制造、船体制造、轮机制造三个专业；1920年开设大沽海军管轮学校，1922年2月停办；1927年开设南京海军无线电学校；1930年6月，原来停办的广东海军学校恢复并改名为黄埔海军学校，隶属于广东省地方军事当局；1933年东北葫芦岛航警学校迁青岛并改名为青岛海军学校，1937年直属中央军事委员会；1933年在江苏镇江开设电雷学校；1915年10月，晚清遗留的北洋医学校收归海军部管辖，改为"海军军医学校"，1933年停办，毕业生16届，计218名。②抗日战争爆发后，电雷、黄埔、青岛等校先后停办，仅剩马尾海军学校一所坚持办学，直至抗战胜利。

总而言之，相比晚清海军学堂而言，民国海军学校体现了以下几个特点：第一，就管辖权而言，晚清海军学堂大多数由地方政府创办，而民国海军学校基本上改由海军部统一管理，有利于人才培养的统一部署和管理。第二，就专业设置而言，晚清海军学堂的专业设置集中于驾驶和管轮两个专业，而民国海军学校除了驾驶和

---

① 陈书麟、陈贞寿：《中华民国海军通史》，北京：海潮出版社，1993年版，第66—90页。

② 杨志本：《中华民国海军史料》，北京：海洋出版社，1987年版，第1—85页。

管轮两个主要专业外,还设置了飞机制造、潜艇制造、无线电通讯等一些新的专业。从世界海军发展趋势来看,"欧战之后,各国海军政策,渐有改巨舰而倾向于飞潜之趋势"①,新专业的开设是为了适应海军发展对不同人才的需求。第三,就人才素质提升而言,晚清海军学堂更多关注学员专业技能的培养,而民国海军人才培养除专业技能外,更加注重精神教育,"故处今而言振兴我国海军,养勇实为第一要义。舍此而徒言造舰增器,呕呕焉惟门面之是务"②,唯有培养具备英勇无畏、勇于牺牲精神的人才,日后方能堪膺捍国御侮之重任,彰显了对人才精神世界改造的重视。

2. 选派留学生出国深造

晚清为了拓展海军培养新路径,开始派留学生到西方国家学习先进技术,起初主要是派留学生到法国学舰船制造和英国学驾驶,期限多为三年。但是学成归来的留学生并未得到清廷的重视,多数留学生回国后"皆散处无事。饥寒交迫,甘为人役。上焉者或被外国聘往办事;其次亦多在各国领事署及各洋行充当翻译。我才弃为彼用,我用转需彼才"③。第一次世界大战前夕,为了在海洋争霸中获胜,各海军强国推动了海军技术的发展,民国成立初期的北洋政府海军部对此有所洞察,"迩来各国海军学术争相研究,日异月新,如鱼、水雷、枪炮,飞艇,潜水艇之制造,彼此竞争,不遗余力,而我国独瞠乎其后,甚非谋国之方。"④因此,如晚清一样继续派遣留学生学习国外先进技术,"研究各国之军事学术,以为对

---

①　翁军、马骏杰:《民国时期中国海军论集》,济南:山东画报出版社,2014 年版,第 5 页。

②　止洎:"论振兴我国海军宜注重精神基础",《海事》,1930 年第 3 期。

③　张侠:《清末海军史料》,北京:海洋出版社,2001 年版,第 129 页。

④　海军司令部《近代中国海军》编辑部:《近代中国海军》,北京:海潮出版社,1994 年版,第 823 页。

于本国军事谋改良进步之用"①。留学生毕业后由大使、公使遣送回国并送交主管部门考验,考验合格后再由政府统一分发任用。北洋政府时期,从1913年至1925年派出海军留学生约五十余人,派往的国家有奥地利、英国、美国、法国、日本、菲律宾等国,留学生所学专业包括新式鱼雷、潜艇、医学、无线电、航空等。②到了南京政府时期,选派海军留学生人数有所增加。从1929年到1938年的十年间,派出留学生约一百二十余人,派往的国家有英国、美国、日本、意大利、德国等。留学生所学专业也有所拓展,包括测量制图、内燃机工程、鱼雷、轮机、电机工程、驾驶、快艇技术、潜艇。③

与晚清派遣海军留学生相比,民国留学生的派遣体现以下几个特点:第一,与晚清成批派出留学生不同,由于经费限制,民国多是零星的派出,留学生数量较晚清有所减少,但派往的国家较晚清有所增加,除了过去派往英、法、德、日等国以外,已扩大到意、奥、菲等国,以去美国的最多(学飞、潜制造一次就派出20多人),英、日、法次之(赴法的大多学医),再次是奥国(去学新式鱼雷)、德国(去学无线电)和菲律宾(去学航空飞行)。相比晚清留学生,这一时期留学生还呈现出学习时间短以及自费、半自费等特点。④第二,民国海军留学生所学专业也更加丰富,除了传统的驾驶和轮机专业外,增添了许多新专业,尤其重视新式鱼雷、飞机和潜艇制造、无线电、航空等专业技术的学习。第三,民国海军留学生回国后更

---

① 杨志本:《中华民国海军史料》,北京:海洋出版社,1987年版,第437页。

② 陈书麟、陈贞寿:《中华民国海军通史》,北京:海潮出版社,1993年版,第90—93页。

③ 陈书麟、陈贞寿:《中华民国海军通史》,北京:海潮出版社,1993年版,第307—311页。

④ 海军司令部《近代中国海军》编辑部:《近代中国海军》,北京:海潮出版社,1994年版,第824—825页。

加受到重视。以留日学生为例，回国后多授校级军衔，派在海军部或参谋本部任科长(上校)、副科长(中校)、一级科员、副官(中校、少校)等职务。即使少数由各省地方政府派往外国留学或自费留学的学生回国后也会由海军部收罗在海军单位充任军官。①这与晚清海军留学生回国后存在"散处无事。饥寒交迫，甘为人役"②之境遇不可同日而语，也彰显出民国对海军人才的重视。

### (二) 民国海军人才培养的模式

基于西方海军人才培养经验的汲取与国内客观环境限制的考量，民国制定了较为明确的海军人才培养模式。人才培养模式通常是指在一定的教育理论、教育思想指导下实施人才教育的过程的总和，内容包括特定的培养目标和人才规格、相对稳定的教学内容和课程体系、管理制度和评估方式等。相对于晚清而言，民国海军人才培养模式有着更加清晰的培养目标和规格、丰富的教学内容以及严格的管理制度，借鉴了国外海军人才培养的经验和模式，"来自日本、欧洲和美国的教学方法、课程设置、教科书和教育制度都为教育的漩涡添加了刺激因素"③。

#### 1. 培养目标和规格

晚清海军学堂是以培养具备驾驶、管轮等专业知识和操作能力且文理兼通的复合型应用人才为目标。民国海军人才培养目标可以概括为："培育训练足资担任制造、航海、轮机、航空、枪炮、鱼雷、水雷、无线电、医务和其他各种专门技术的人才。"④与晚清海

---

① 杨志本：《中华民国海军史料》，北京：海洋出版社，1987年版，第514—516页。
② 张侠：《清末海军史料》，北京：海洋出版社，2001年版，第129页。
③ ［美］费正清、［美］费维恺：《剑桥中华民国史》(下卷)，杨品泉、张言等译，北京：中国社会科学出版社，1994年版，第360页。
④ 郭寿生："保护华侨与促进海军建设"，《海军整建月刊》，1940年第1期。

军人才培养目标不同,民国更加注重培养海军人才对海军新科学及新战略的掌握。海军人才的培养目标决定了培养规格,具体表现在培养学生拥有优秀的精神品质和掌握先进的专业技能两个方面。

第一,培养海军人才拥有优秀的精神品质。晚清也十分注重对海军人才的品格培养,主要通过教习"四书""五经"等儒家经典以培养忠孝仁义之德性,"堂中课程,限定每日清晨先读四书、五经数刻,以端其本。每逢洋教习歇课之日,即令讲习书史,试以策论,俾其通知中国史事、兵事,以适于用。在堂者一律仍准应文、武试,以开其上进之程。其营学生、外学生两途,年岁不必甚幼,庶可辨其志趣气质,不致虚养庸下之材。语文但取粗通,不必以此一端耗其心力目力。总期由粗入精,必不使逐末遗本。"①到了民国时期,民国把培养海军精神素养提升到前所未有的重视程度,但是海军人才精神品质培养的内涵发生了变化。田汉认为,"新时代的武装需要新时代的战士。新时代的海军战士,不仅要求他是一个'专家',更要求他是一个有充分精神武装的专家"。②民国海军界认为甲午战争败于精神而非物质,中国海军在物质上已失去均势,欲求弥补缺陷,唯有致力于精神上的特殊锻炼,以冀人力挽救物力之不足,因此"惟有致力于精神上的特殊锻炼,以冀人力挽救物力之不足。培植优秀人才,当为第一要着,而'精神胜于物质'更当奉为圭臬"③。由于以往海军建设过分强调装备建设的重要性,海军人才精神培养长期受到忽视,"大半皆主张重物质方面基础,而于精神

① 张侠:《清末海军史料》,北京:海洋出版社,2001 年版,第 399 页。
② 田汉:"关于中国海军的几个问题",《整建月刊》,1940 年第 1 期。
③ 兼言:"育才第一",《海军建设月刊》,1941 年第 2 期。

方面基础蔑如也"①。装备固然重要,但若无勇敢强毅之精神以辅
之,所有舰炮都可能在硝烟弹雨之中失去效用。以"九·二三"战
役为例,中国海军在战术条件与环境处于劣势的情况下之所以能
够建立奇功者,是依靠精神战胜日本,"中国海军在甲午已显出勇
敢抗战的精神,而其建军工作复在'九·二三'之役奠定了基础,这
两次的中日战争,在中国现代史上与中国海军史上实占着非常重
要的地位。尤其是'九·二三'之役我海军以精神战胜日本,更是
中国海军复兴的关头"②。民国时期的海军人才精神品质包括养
成智、仁、勇、信、严的武德、树立精神重于物质的信心以及坚守三
民主义等,其中坚守"三民主义"是根本,因为"三民主义既是救民
救国救世界的主义,则三民主义化的新人才,自必以救民救国救世
界为职志"③。如果说晚清海军人才精神品质培养旨在通过让学
生阅读"四书""五经"从而具备忠君爱国之精神的话,④那么民国
海军人才精神品质更多地体现在以救国救民为己任的责任担当,
同样是强调海军人才品质的重要,但所要求的品质内涵发生了变
化,体现了进步性,并且"在一定层次上,从儒家思想灰烬中产生的
尚武精神,既改变了国家的结构,也改变了国家的观念形态"⑤。
当然,强调海军人才主观能动性在战争中的作用固然难能可贵,但

① 止涯:"论振兴我国海军宜注重精神基础",《海事》,1930 年第 3 期。
② 马骏杰、张伟、陈美慧:《郭寿生海军研究文集》,济南:山东画报出版社,2017
年版,第 220 页。
③ 翁军、马骏杰:《民国时期中国海军论集》,济南:山东画报出版社,2014 年版,
第 9 页。
④ 李强华:"晚清海军人才培养途径、模式及制约因素",《宁波大学学报(教育科
学版)》,2020 年第 1 期。
⑤ 〔美〕费正清、〔美〕费维恺:《剑桥中华民国史》(下卷),杨品泉、张言等译,北京:
中国社会科学出版社,1994 年版,第 68 页。

是过于强调精神胜于物质,难免带有唯意志论色彩。

第二,培养海军人才需要掌握先进的专业技能。海军属于高技术性兵种,对科技依赖极强。民国时期,世界海军在科技方面已经有了突飞猛进的发展。中国海军需要迎头赶上,如若迟疑,则与世界海军的差距就会越来越大,"迩来各国海军学术争相研究,日异月新,如鱼、水雷,枪炮,飞艇,潜水艇之制造,彼此竞争,不遗余力,而我国独瞠乎其后,甚非谋国之方"①。为了跟上世界海军科技发展的步伐,民国海军人才必须了解和掌握先进的海军军事战略和技术手段。海军学校的学生要学好国文、外文、数学、物理、化学等专业基础知识,熟练掌握航海、轮机等基本专业技能,更要掌握飞机制造、潜艇制造、无线电等新的专业技能。基于此,各海军学校在课程设置上增添了许多晚清海军学堂所没有的新课程,这些举措无疑体现了民国培养新型海军人才的自觉。

2. 课程设置

民国各海军学校课程设置分为理论课和实践课。理论课通常由通识课、学科基础课和专业课组成。

第一,学科基础课程在理论课程体系中所占比例较大。以马尾海军学校的海航专业和轮机专业为例,航海专业的理论课程约有 27 门,轮机专业的理论课约有 41 门。两个专业的通识课和学科基础课基本一致,约有 20 门。其中通识课包括党义、国文、英文、文法、算术等,学科基础课包括算术、代数、几何、物理学等。航海专业的专业课主要有航海学、海道测量学、天文学等,轮机专业的专业课主要有冶金学、锅炉、内燃机等。重视学科基础课程的比重,表明掌握基础知识对于不同专业的学生都至关重要。可以看

---

① 杨志本:《中华民国海军史料》,北京:海洋出版社,1987 年版,第 390 页。

出，与晚清海军学堂不同，"民国后课程设置扩展到军事学术、战略战术等较高层次；根据海军技术的发展，专业课和与之相关的自然科学基础课程也增加很多。"①

第二，课程设置体现理论联系实际原则。课程体系里不仅单独设置了许多实践课程，而且在大多数课程内容里也包含了实践环节。以黄埔海军学校为例，入学新生首先被送到广东军事政治学校接受七个月的入伍教育，入伍教育结束后直接派到军舰接受六个月的实践教学，实践教学结束后再送回学校学习理论知识，这样可以帮助学生将前期的实践所学与课堂理论相结合，提高学习效率。

第三，重视课程考核。学校的考试分为平常考、月考、季考、期末考以及修业考等类别，重要考试的结果直接决定学生是否有机会继续读下去。以海军学校为例，期末考不及六成者由校长令其退学。②

第四，重视师资质量。各学校聘请国内外优秀的军官担任教官，其中聘请的国内教官大多数都有留学经历。例如，海军学校先后聘请英国海军军官孟罗、克礼、戴乐尔等分任海校航海及轮机教官，灌输海军新学。③

总之，各海军学校的课程设置、教授方法及教材使用大多仿效英、法、美等国，具有一定的系统性和科学性，加上严格的考核和配备高质量的师资，这些都为培养高质量人才奠定了坚实基础。同时也不能忽视，由于海军分裂严重，缺乏统一规划，造成教学资源难以共享，各海军学校的课程设置及考核标准不统一，对学生的要

---

① 海军司令部《近代中国海军》编辑部：《近代中国海军》，北京：海潮出版社，1994年版，第822页。
② 杨志本：《中华民国海军史料》，北京：海洋出版社，1987年版，第442—448页。
③ 杨志本：《中华民国海军史料》，北京：海洋出版社，1987年版，第19页。

求存在差异,这些无疑会影响到海军人才培养的总体质量。

3. 制度保障

为了确保海军人才培养质量,民国政府对旧有海军学堂的"规制和章程——改良起来"①,对招生、考核、奖惩、行为规范及就业等人才培养环节制定了一系列新的规章制度,形成了较为完整的人才培养制度体系。

第一,招生制度。各海军学校对招生名额、招生对象、招考流程等都由详细的规定。海军部制定的《海军学生考选章程》规定海军学生先由各省依本章程拣选地方生童,再送沪报考。选拔时间和名额由海军部确定后再登报通知。考生报考资格涉及国籍、年龄、健康状况以及对国文、英文、数学等基础知识的掌握情况。考试环节分为笔试和面试。②海军部为考选航海、轮机学生,于1930年还专门制定了《海军部招考学生委员会规则》,规定了委员会的机构设置、人员构成及招考流程。以1931年山东教育厅代招海军学校学生的招生简章为例:"一、名额:十五名。二、年龄:足十四岁者。三、费用:在校费用概由学校供给。四、肄业年限:航海学生校课五年,舰课二年,军官学校一年,轮机学生校课六年半,厂课一年,舰课半年。……八、考试科目:国文,英文,算术,口试,体格检验。"③另外,对选派留学生也有明确的选拔制度。1929年制定的《陆海空留学条例》对留学生选派的流程有具体规定,每年度由主管部分别种类、规定人数、考选合格人员,选派学生资格涉及年龄、外

---

① 高晓星:《陈绍宽文集》,北京:海潮出版社,1994年版,第39页。
② 杨志本:《中华民国海军史料》,北京:海洋出版社,1987年版,第428页。
③ 马骏杰、吴峰敏、张小龙:《民国报刊载海军史料汇编》,济南:山东画报出版社,2020年版,第422页。

语基础、品行等。①除了正常招考外，还规定中等官以上的官佐有保送一名合格子弟的资格。总之，与晚清相比，民国海军学校的招生制度更加完备，入学资格要求更高，招生范围和渠道更加广阔、多样，招生程序更加严格规范，这些都为选拔到优秀生源奠定了基础。

第二，奖惩制度。关于奖励规则，1918 年 12 月海军部制定了《海军学生奖励规则》，对那些品行、学习成绩及武艺优异者，分别授予端品、优学、超武奖章。②关于惩罚规则，各学校的惩戒规则差异不大，学生违章犯规有失其本分者，会给予记过、禁假等处分。最大的惩罚就是作退学处理，各学校规定了退学的具体规则，只要违背其中之一，就由校长令其退学。③对留学生也严格规范，要求"留学员在留学国舰、校、厂、所练习，应遵守该舰、校、厂、所章程，实心求学，不得稍有违犯"。④相对于晚清而言，民国各海军学校的奖惩制度更加严格、精细化，无疑在激励学生积极进取方面发挥了重要作用。

第三，学制年限规定。与陆军训练费时短而收效速不同，海军人才培养需时长且极为复杂，海军学生"不但应熟悉帆缆操舵诸艺，且须成为枪炮、鱼雷专家，其训练时间，自非一朝一夕所能成功也"⑤。相比陆军而言，"以造就一个海军人员的精力和时间，可以培植两个到三个陆军人员"⑥，因此海军学校的学制年限较长。不同海军学校及不同专业的学制年限都有差异。各主要海军学校的

———————————

① 杨志本：《中华民国海军史料》，北京：海洋出版社，1987 年版，第 437—438 页。
② 杨志本：《中华民国海军史料》，北京：海洋出版社，1987 年版，第 430 页。
③ 杨志本：《中华民国海军史料》，北京：海洋出版社，1987 年版，第 448 页。
④ 杨志本：《中华民国海军史料》，北京：海洋出版社，1987 年版，第 432 页。
⑤ 张荫良："海军建设之研讨"，《海军建设月刊》，1941 年第 2 期。
⑥ 马骏杰、吴峰敏、张小龙：《民国报刊载海军史料汇编》，济南：山东画报出版社，2020 年版，第 504 页。

学制年限如下:海军学校规定航海班五年、轮机六年;福州海军制造学校学制在改隶海军部后由原来的八年四个月改为十年;海军医学校预科一年、本科四年;福州海军飞潜学校学制为八年四个月;黄埔海军学校预科三年、正科三年;烟台海军学校学制由原来的三年改为五年。各学校在晚清与民国的修业期限如下表所示。①

| 晚清海军学堂名称 | 船政前学堂 | 船政后学堂 | 烟台海军学堂 | 黄埔水师学堂 | 天津水师学堂 | 江南水师学堂 |
|---|---|---|---|---|---|---|
| 修业年限 | 8 年 | 5 年 | 3 年 | 5 年 | 7 年 | 7 年 |
| 民国后学校改称 | 海军制造学校 | 福州海军学校 | 烟台海军学校 | 黄埔海军学校 | | |
| 修业年限 | 10 年 | 8 年4 个月 | 5 年(不含实习) | 6 年(不含实习) | | |

　　总之,相比晚清时期各海军学堂的学制年限大多是四至五年而言,民国各海军学校的学制年限"相对延长且弹性较大"②,原因在于"海军技术发展,文化基础知识要求提高,对军官理论水平和实作能力要求更加全面等"③,这自然延长了学生的在校学习年限。一言以蔽之,为了确保人才培养质量,必需有更长的学制年限作为保障。

　　第四,学生行为规范。晚清各海军学堂制定了用以规范学生行为的管理制度。比如《求是堂艺局章程》规定每日晨起后和夜眠

---

　　① 海军司令部《近代中国海军》编辑部:《近代中国海军》,北京:海潮出版社,1994年版,第821页。

　　② 于潇、王凌超:"民国前期海军学校人才培养的特点与问题",《宁波大学学报(教育科学版)》,2018年第6期。

　　③ 海军司令部《近代中国海军》编辑部:《近代中国海军》,北京:海潮出版社,1994年版,第823页。

前要接受教习洋员训课,不准在外惰游、侮慢教师、欺凌同学等,
《北洋海军章程》明确规定总兵以下各官不准建衙门和公馆,必须
常年住在船上。但是后来的纪律越来越松,甚至赌博、狎妓盛行。
民国时期的海军学校对学生的日常行为规范要求更加严格。陈绍
宽1930年4月24日在给海军学校的新生训词中强调了纪律要
求,"此次所考学生是由全国各省送来的,本部对于考选极严,并且
极为慎重,因为要选最好的学生来做海军的人才。海军学校,是军
事学校,校规是非常的严,非普通学校所可比。"[1]为了凸显纪律
性,学校对学生在讲堂、寝室、食堂、会客、请假等方面都有明确的
规章细则,违者小则记过,大则开除。比如,福州海军学校规定学
生除星期日外不可出校,出校需要申请并得到学监许可。上下课、
出操、就餐均需列队出入。晚上九时点名,十时就寝,早晨五时起
床。烟台海军学校规定熄灯后说话、点名不到、在寝室门外穿拖鞋
等行为都要给予记小过处分,小过一次扣0.5分,大过一次扣1
分,在期末成绩中扣除。[2]同样,对留学生的行为规范也有具体规
定,留学生不得有涉政治及轨外言动,那些违反相关规章或者不堪
培养的留学生会被勒令退学回国。[3]总之,相较于对晚清海军学堂
而言,民国时期的各学校对学生的管理更加严格,制定的行为规范
也更加详细,严明的纪律性是实现海军人才培养目标的基本保障。

## (三) 民国海军人才培养的制约因素

如同晚清海军人才培养一样,尽管民国海军人才培养取得了
一定的进步,但依然受到政治、经济、文化等因素的制约,使得人才

---

[1]　高晓星:《陈绍宽文集》,北京:海潮出版社,1994年版,第33页。
[2]　陈书麟、陈贞寿:《中华民国海军通史》,北京:海潮出版社,1993年版,第77—
83页。
[3]　杨志本:《中华民国海军史料》,北京:海洋出版社,1987年版,第438页。

培养终究未能摆脱诸多困境,限制了海军人才培养质量的进一步提升。

### 1. 观念的束缚

"重陆轻海"的传统观念制约了海军人才培养。中国是陆海复合型国家,自古以来外患主要来自西北边疆,实行的是自给自足的小农经济,国防安全维护和经济发展模式形成了"重陆轻海"传统观念。晚清列强由海而来的侵略并未从根本上改变国人"重陆轻海"的观念,正如陈绍宽指出,"中国自古以来,……所以秦筑长城,汉平西域,其功绩在历史中传诵不朽,而戚继光所创造的海塘碉堡,则成为麟角凤毛,未为后人所注重。此种陈旧的思想,在海上风云变化万状的今日,如仍存留而不予祛除,实在上大时代的落伍者"。[①]"重陆轻海"观念制约了海军建设,在海军人才培养的制约表现有二:一是限制了对海军的宣传。"重陆轻海"观念使得海事知识未能得到宣传教育,导致"大多数中国的国民,没有海军的浅薄知识,……不但普通的国民如此,连有着军事知识的陆军将校也是如此"[②],而打造和宣传一种"富有说服力的海洋或海军至上主义理念,它能成为、事实上也必然是一套完整的海军建设规划的基石"[③]。"重陆轻海"观念关系到海军人才培养的生源问题,由于"全国民众对海军还没有深刻的认识,不肯把他们优秀子弟送来海军训练"[④],因此难以保障各海军学校招到充足的优质生源。尽管各海军学校对全国招生,但生源具有明显的地域性,据不完全统

---

① 高晓星:《陈绍宽文集》,北京:海潮出版社,1994年版,第309页。

② 翁军、马骏杰:《民国时期中国海军论集》,济南:山东画报出版社,2014年版,第167页。

③ [美]约翰·查尔斯·史乐文:《"兴风作浪":政治、宣传与日本帝国海军的崛起(1868—1922)》,刘旭东译,北京:人民出版社,2016年版,第147页。

④ 高晓星:《陈绍宽文集》,北京:海潮出版社,1994年版,第303页。

计,民国海军"有百分七十至八十的人员都是福建人"①,其他省份输送的优质生源较少,导致了海军学校生源分布的不均衡性。二是决定了国人对海、陆军人才培养的重视程度不同。"重陆轻海"观念使得国人昧于国际之大势,而仍然持以陆军为主海军为从的认知,这样就会影响到对海军建设的重视,"盖居今日而论国事,必具有世界之新知识。吾国人昧于国际大势,向以陆军为主,海军为从,故陆军兵额,较世界各强国有过之,而海军则相去远甚。"②缺乏对海军建设的重视自然影响到对其人才培养的关注。

2. 体制的羁绊

晚清时期,海军人才培养就受到体制羁绊,君主官僚体制下的海军管理体制与海军建设所需的近代化国家体制之间存在着不可调和的矛盾。各学堂横向上缺乏联系,纵向上缺乏人才培养体系,正所谓"互不统辖,彼此也没有依次递升的衔接关系,多数学堂仅为一级制,下无预备学校,上下无继续研修机构"③,这皆因海军人才培养缺乏统一规划所致。民国海军分属不同派系使得海军人才培养缺乏统一规划和管理。自民初以降,军阀内战不断,对待海军的态度是"谁高兴谁有势力,他就可以训练,在名义上全国南北也有数个海军学校,结果是不免受政治影响而不能自主独立。直至民国十六年以后,海军部成立才有一些秩序"④。尽管随着海军部的成立,把原有的许多海军学堂收归海军部管辖,但是各支海军挟

---

① 马骏杰、吴峰敏、张小龙:《民国报刊载海军史料汇编》,济南:山东画报出版社,2020 年版,第 505 页。

② 高晓星:《陈绍宽文集》,北京:海潮出版社,1994 年版,第 180 页。

③ 王建朗、黄克武:《两岸新编中国近代史·晚清卷》(下),北京:社会科学文献出版社,2016 年版,第 814 页。

④ 兼言:"育才第一",《海军建设月刊》,1941 年第 2 期。

省界私见、门户各立的现象未能得以根本改变。尽管海军部在整合各海军学校起到一定作用,但由于海军部内部派系林立,其领导力自然受到弱化,"海军部名义上是全国海军的统帅和中央管理机关,但由于历史的原因,海军部内部形成了闽(马尾)系、东北(青岛)系和粤(黄埔)系'三足鼎立'的局面。闽系海军又因隶属和听命于各时期的中央政权,常自命为中央海军。海军部除能控制闽系海军之外,其他各系海军势力均不受其节制"①,缺乏强有力的统一领导,海军人才培养自然难以上升到国家战略层次加以统一规划和管理。其结果是:一方面,各海军学校受政治影响而不能自主独立;另一方面,国家又无法充分整合各海军学校力量,做到统一规划和部署,导致各学校"教法课程,参差不一",资源也难以共享。对此困境,有识之士已经认识到海军人才培养亟须统一规划,形成合力,"务使一切计划、编制、训练、指挥均统一于中央,以免事权分歧,力量消长,致影响国家海军整个的建设"②。

为了解决海军分裂给海军人才培养带来的消极影响,《国防计划》给出了解决方案,"教育之所以贵于统一者,欲免门户之见、齐学术之差,而收声气相应求之效也。今者海军教育,黄埔设一校而隶于第一集团军;马尾又设一校隶于海军部;威海卫又设一校而隶于北平军事委员会。风气自成一家,于是肇门户之见;教授各以意为,于是来学术之差。激荡所至,求其无垄断之心、封建之思,而不各怀取而代之之意已难矣,焉能望其收声气相应求之效耶?!此不但为海军之累,抑且为他日海军作战之灾。为导之于正轨起见,拟具海军教育计划如下:一、海军普通教育(海军军官学校)及专门教

---

① 杨文鹤、陈伯镛:《海洋与近代中国》,北京:海洋出版社,2014 年版,第 469 页。
② 马骏杰、张伟、陈美慧:《郭寿生海军研究文集》,济南:山东画报出版社,2017 年版,第 32 页。

育,皆由训练总监部(海军监)会同海军部(军学司)统一办理;海军
参谋教育(海军大学)由参谋本部办理。二、黄埔海军学校,马尾海
军学校及威海卫海军学校,皆并而为一,附设于中央军官学校之
内,其校长由中央军官学校校长兼任;内设航海、轮机及潜水三科。
三、学生名额以全军所需军官佐之补充数为准,按行省之大小而规
定其分配之名额,复试亦按各省所配定之名额录取;昔日海军军官
得保送学生一名之例取消。四、由训练总监部会同海军部设立海
军专门学校一所,内分炮术、水雷术、潜水术、轮机及飞机术五科,
又各分为普通班与高等班,前者凡补授少尉六个月后者,一律入
学,但航海士官得补习轮机,其轮机士官唯习轮机及水雷术;后者
甄拔中尉级之优者入学,并于该专门学校五科之下施行。士兵教
育(造成下级干部)亦分普通班与高等班,前者选拔一、二等兵入
学;后者选拔一等兵及下士入学。五、由参谋本部将海军部现所开
办之马尾海军大学(据闻内六个月毕业)接收,正式设立海军大学,
教授军政、军令及其所关联之最高学术,以养成海军指挥及参谋人
才。其学生于上尉级甄拔之,二年半毕业。并附设高等航海术科
及高等轮机科。六、海军造船、造兵、造械及海军军医以及海军无
线电人才,就国内外大学在学中之学生之志愿者,委托国内外大学
养成之。"①《国防计划》指出海军学校缺乏统一管理将会影响到学
生培养质量,无疑会给战争带来严重后果,因此亟需解决这一从晚
清就遗留下来的海军建设难题。于是计划对各海军学校进行统一
领导,在招生就业、专业设置、培养过程等环节上实行统一管理。
由于抗日战争的爆发,这一计划最终未能全部付诸实践,但充分表
明了国人对海军人才培养统一性的重要性的认知,为海军人才培

---

① 杨志本:《中华民国海军史料》,北京:海洋出版社,1987 年版,第 498—499 页。

养指明了方向,具有重要的指导意义。

### 3. 财政的约束

晚清时期人才培养受到财政约束,不仅财政危机决定了海军人才培养经费投入的有限性,而且财政危机使得有限的海防经费经常遭到拖欠、挪用及截留,1889年海防经费被海军衙门挪用修建颐和园就是一例。民国海军人才培养同样受到财政危机的影响。陈绍宽在《海军部成立三周年纪念会上的开会词》中明确指出,海军建设"所受最大的影响就是经济,我们建设的计划,因此不能充分进行,将士们不能按月发饷,衣服不能备置完妥,应用的物件不能充足。本军每月应领经费本是五十万,但在过去的一年之中,没有一次领得完全,其中有两个月且分文未曾领到,有的只领到十余万。一年总算,至多本部只领到三分之二,不足三分之一"①。海军建设的经费匮乏既有国家财政匮乏的客观原因,也有政府对海军不重视的主观原因。就客观原因而言,民国初年军阀混战消耗了大量财力,导致财政处于捉襟见肘的状态。国民政府财政赤字情况在抗日战争爆发后更加严重,其数额呈逐年增加的趋势。财政危机使得海军建设缺乏足够的经费支持。就主观原因而言,由于受到"优空弃海"观念的影响,民国各届政府都对海军建设缺乏足够的重视,使得有限的军费主要用于陆军、空军建设,投入到海军建设的经费很少。例如,1930年至1935年的海军经费只占军费支出的3%左右,占财政总支出的1%多一点。1937年的海军经费分别相当于陆军和空军的1.8%与3.27%。②由于受到军费限制,海军学校办学经费得不到保障,一些学校被迫停办。例

---

① 高晓星:《陈绍宽文集》,北京:海潮出版社,1994年版,第88页。
② 姜鲁鸣、王文华:《中国近现代国防经济史(1840—2009)》,北京:中国财政经济出版社,2012年版,第216页。

如,福州海军制造学校因校舍遭遇洪水倒塌,因经费支绌,无法重建新舍,最后归并海军学校。海军医学校终因"经费无着"在1933年停办。广东海军学校因海军部经费支绌在1922年停办,直至1930年复校,重新改为广东省自办。湖北海军学校因经费无着停办。财政支绌还影响到海军留学生选派的数量,留学生无法像晚清那样"成批派出",造成了留学生人数下降。不仅如此,有限的海军经费还经常遭到拖欠,把本属于海军建设的费用挪用于空军建设也时有发生。一言以蔽之,主客观双重原因使得民国海军经费投入有限,正如陈绍宽所指出的,"政府经费用于陆军、空军方面如此之多,用于海军方面如此之少。因为海军限于经费,所以不能充分地建设,实力才如此薄弱。假使政府也拿充足的经费来建造海军,那么海军应付当头的国难尚不至如此困难"[①]。由此可见,财政支绌是制约海军人才培养的重要因素之一。

晚清时期,为了抵御外侮,清政府开启了近代海军建设。如同晚清一样,民国迫切需要建设一支强大的海军维护国家主权独立和国防安全。尽管晚清海军建设为民国海军建设奠定了一定的基础,但是由于晚清海军在中日甲午战争中遭受重创,加上在清廷覆灭前海军重建计划未能得以实现,因此遗留给民国的海军非常薄弱,而这一时期世界海军又在快速发展,中外海军实力差距逐渐拉大。民国政府建设新海军不仅面临舰炮等装备更新问题,更要解决海军人才极度匮乏的难题,"武器是战争的重要因素,但不是决定的因素,决定的因素是人不是物。力量对比不但是军力和经济力的对比,而且是人力和人心的对比"[②]。20世纪上半叶,世界发

① 高晓星:《陈绍宽文集》,北京:海潮出版社,1994年版,第113页。
② 《毛泽东选集》(第2卷),北京:人民出版社,1991年版,第469页。

生了第四次军事革命,坦克、飞机、潜艇、航空母舰和化学武器等新兵器纷纷登场。①海军科技的快速发展无疑对人才培养提出了新的更高要求。为了培养新型海军人才,民国政府结合国外海军发展形势和国内实际状况采取了一系列措施。一方面,将晚清所建旧学堂改为新式海军学校并收归海军部管辖,强化集中统一管理,同时创办了飞潜、无线电等各类新式学校已与国际海军技术发展接轨;另一方面,继续选派留学生出国学习其他国家海军的先进经验和技术。国内各海军学校效法西方海军学校的培养模式,设定了科学合理的培养环节,在把西方海军专业学科与中国传统技艺相结合的基础上形成适合中国海军实际的教育内容,同时借鉴了西方国家海军学校的管理方式,甚至引进其法律法规,制定了严格的管理制度。②相比晚清而言,民国海军人才培养在目标定位、内容完善、方法革新、过程控制及制度保障方面都有新的突破,取得了一定成效,在一定程度上缓解了海军人才匮乏的难题,所培养的海军人才在抗日战争中发挥了一定作用。尽管如此,海军人才培养依然难以摆脱"重陆轻海"传统观念影响、管理体制不统一、财政支绌等困境,这些因素制约了海军人才培养的规模和质量,进而影响到民国海军的整体发展。众所周知,海军人才的培养需要具备充足的经费、安定的环境、详密的计划、确定的政策、坚强的领导中心等条件的支撑。就此而言,民国海军人才培养缺乏很多必备的条件,因为"持续不断的内讧耗费了大量的财力、物力和人力,海军建设既丧失了主观的战略追求,也完全失去了客观的基本条

---

① 皮明勇:《中国近代军事改革》,北京:解放军出版社,2008 年版,第 4 页。

② 马俊杰:《中国海军长江抗战纪实》,济南:山东画报出版社,2013 年版,第40 页。

件"①。海军人才培养终究是海军建设的一部分,缺乏对海军重要性的深刻认识以及海军建设的足够重视,海军人才培养自然难有更大的进步和突破。民国海军人才培养留下的经验和教训,对当今中国海军人才培养依然有着深刻的借鉴和启示意义。需要充分认识到海军人才培养在海军建设中的重要位置,在海军人才培养过程中,需要在借鉴国外先进经验的基础上形成具有中国特色的海军人才培养体系,为锻造一支优秀的人民海军奠定坚实基础。

## 第三节 海军建设的困境

民国建设海军所面临的诸多困境,主要表现为观念偏差、财力不足、工业落后、外敌入侵以及海军自身弊端重重等方面。

### 一、观念存在偏差

海军建设受到"重陆轻海"及"优空弃海"观念的限制。首先,"重陆轻海"的传统观念制约了海军建设。如上文所述,"中国是一个典型的陆海复合型国家,受地缘条件威胁来源、经济发展模式等因素的影响,中国古代不自觉地选择了重陆轻海的战略取向。近代以来,中国受到西方列强海上方向的持续侵略,方才开始密切关注海上安全问题。"②尽管晚清列强侵略刺激了国人对海洋的重新认知,但直到民国"重陆轻海"观念也未根本改变,此种陈旧思想"在海上风云变化万状的今日,如仍存留而不予祛除,实在是大时

---

① 苏小东:《中国海军抗日战史》,北京:人民出版社,2017年版,第25页。

② 张炜:《国家海上安全》,北京:海潮出版社,2008年版,第1页。

代的落伍者"①。"重陆轻海"观念制约海军建设的表现有三：一是制约了对海事知识的宣传教育，导致"大多数中国的国民，没有海军的浅薄知识，……不但普通的国民如此，连有着军事知识的陆军将校也是如此"。②相比而言，日本海军之所以在 20 世纪上半叶发展成为世界最强大的海军之一，与其海军建设者通过广泛的宣传以获得民众支持是分不开的，"海军人士们深知，海军建设需要大量的资金，因此，他们不仅需要与民众进行合作也需要他们的支持。为了激励民众支持海军，海军人士进行了广泛的宣传和形象的展示以向人们推广海军及其扩军计划"③。民国时期，有识之士也通过各种路径对海军重要性进行了宣传，但是其宣传的力度较弱，宣传的范围较窄，大多数民众对此知之甚少，海军建设无法获得更多民众的支持，而事实上民众的支持对海军建设起到十分重要的作用，"正如马汉所揭示的，一个认真的海洋政策必须要有民众的支持"④。二是决定了对海军、陆军重视程度不同。陈绍宽认为，"吾国人昧于国际之大势，向以陆军为主，海军为从。故陆军兵额，较世界各强国有过之，而海军则相去远甚"⑤。对海军的轻视自然影响到对其建设的重视和经费投入。事实上，就海权与陆权的关系而言，"在历史发展的过程中，两者在一国战略中的地位也不断发生着变化。开战后攻击敌方的军事重心是很有必要的，纯粹的海战能直接对陆战产生影响的事件几乎不存在。要想最终击

---

① 陈绍宽："如何建设中国之海上国防"，《世界兵学》，1943 年第 5 期。

② 周黎庵："中国要建设海军"，《众生半月刊》，1938 年第 3 号。

③ ［美］约翰·查尔斯·史乐文：《"兴风作浪"：政治、宣传与日本帝国海军的崛起(1868—1922)》，刘旭东译，北京：人民出版社，2016 年版，第 256 页。

④ ［美］乔治·贝尔：《美国海权百年：1890—1990 年的美国海军》，吴征宇译，北京：人民出版社，2014 年版，第 534 页。

⑤ 陈绍宽："海军与国防之关系"，《教育与国防》，1936 年第 1 期。

败敌方，必须使陆上力量与海上力量相结合。只有陆军和海军团结合作，才能取得最终的胜利。"①三是无法为海军发展提供内在动力。过去中国向外发展虽也曾引起对海军的需要，但终究未能成为海军发展的根本原动力，因为作为农业社会的中国其"军备是用以保护土地"②，决定了国防方面对陆军的需要而非海军。有鉴于此，郭寿生疾呼："我们凛于过去血的教训，对于今后的国防，似应极端避免轻海的覆辙，迅速筑成水上万里长城，使国土获有强固的屏障，而保国家永久的安全。"③一言以蔽之，不能从根本上破除"重陆轻海"观念，就无法为海军建设破除思想障碍。

其次，"优空弃海"观念制约了海军建设。空军战略学说创始人杜黑认为，空军是一支无法防御的战略力量，"夺取制空权就是胜利，失去制空权就是失败"，"制空权除了用空中力量外，不可能使用其他兵种来获得。根据这一点，我们得出结论：要想建立有效的国防体系，就必须要建立足以获得制空权的空军。"④空军在一战中的不凡表现催生了国人"优空弃海"观念，进而使得有些人认为在国防方面空军比海军更重要，比如陈西滢在《海军与空军》一文中指出："在注重全力以防侵犯的中国，海军是毫无所用，而且一个小小的海军，徒然供给敌人的海军及空军以一个练习轰击试验的目标"，"在守土防敌方面，有了空军便不必再有海军。"⑤以陈西滢为代表的部分人士因此认为海军在中国国防中毫无所用，这无

---

① ［德］乔尔根·舒尔茨、［德］维尔弗雷德·A.赫尔曼、［德］汉斯-弗兰克·塞勒：《亚洲海洋战略》，鞠海龙等译，北京：人民出版社，2014年版，第20—21页。
② 王师复："中国社会与海军（续）"，《整建月刊》，1940年第2期。
③ 郭寿生："'九二三'与甲午之战"，《海军整建月刊》，1940年第7、8期合刊。
④ ［意］杜黑：《空权论》，耿拱达译，武汉：华中科技大学出版社，2020年版，第21页。
⑤ 陈西滢："海军与空军"，《独立评论》，1935年第200号。

疑会降低国人对海军重要性的认识,进而影响到海军建设。为了批驳"航空救国""航空万能"等论调,有识之士从不同层面指出了空军的局限性:一是空军作战能力有限。戴占奎在《东南海防问题之研究》一文中认为空军存在续航力弱、不能把占领的战略要点变为根据地、难以维持制空权等弱点。① 二是用战争教训反证空军对海军的依赖性。李一萍以淞沪之役为例,说明空军威力发挥离不开海军协助,"日本空军之强悍,实缘于海军之协力,盖空军飞机之能够超越海洋,远飞敌方者,实藉飞机母舰为之载运,战舰为之掩护,然后可以翱翔于太空。这样看来,非海军无以显空军远征之威力,无以竟空军的全功。"② 事实上,这一时期,在世界范围内普遍存在海军建设受到空军崛起的挑战。以英国为例,至 1919 年,海军发现自己在许多方面都受到空军的影响,随着皇家海军空勤部队与皇家飞行团合并而产生第三个独立武装军种,势必与海军争夺预算。尽管"空权发展的最终结果是,不管英国拥有多么强大的海军,她再也不会完全免受另一个国家的攻击,这个岛国拥有的'木墙'最终被攻破"③,但是"这个时期一个大得多的挑战正快速地增长,并且使许多观察家相信,基于单独的海洋行动的国家力量正快速地走向没落:飞机以及空权时代已经到来"④。总而言之,近代战争是立体之战争,陆海空军必须互相为用,缺一不可,即使杜黑也认为,"空军很自然就需要跟陆军、海军具有同等地位。在一场战争中,它们都抱有同一个目的:战胜敌人。它们既协同作

① 戴占奎:"东南海防问题之研究",《大陆》,1933 年第 9 期。

② 李一萍:"明日的中国海军",《先导》,1933 年第 8 期。

③ [英]保罗·肯尼迪:《英国海上主导权的兴衰》,沈志雄译,北京:人民出版社,2014 年版,第 303 页。

④ [英]保罗·肯尼迪:《英国海上主导权的兴衰》,沈志雄译,北京:人民出版社,2014 年版,第 301 页。

战，又相互独立。如果一方依附于另一方，那么，由于双方相互限制，反而会降低总效能。所以，作为空军，它肯定是跟陆军、海军既合作又独立的。"①中国空军创始于 1928 年中央陆军军官学校附设的航空队，1931 年成立航空学校，1934 年开办飞机制造厂，1936 年设空军机械学校，至 1937 年空军共有飞机六百余架，大都购自意大利与美国，全国分为六个军区。②民国时期"优空弃海"的观念表明了人们对海陆空军在战争中的各自作用缺乏全面而深入的了解。

## 二、财力有限、工业基础薄弱及科技落伍

海军建设受到经济、工业、科技的影响，因为"没有什么东西比陆军和海军更依赖于经济前提。装备、编成、编制、战术和战略，首先依赖于当时的生产水平和交通状况"③。首先，国家财力有限难以保障海军建设经费。一方面，民国内乱消耗了大量财力、物力和人力，造成财政始终处于捉襟见肘的状态，"从 20 世纪第三个 10 年开始，时局难得'正常'。内战和日本入侵，然后又是内战，充满了随后 30 年的大部分年月。战争给中国造成的物质上，特别是生命上的损失难以描述"④。如前所述，抗日战争爆发后，国民政府财政赤字情况更加严重，数额逐年增加，"1937 年为 15 亿元，1941 年为 88 亿元，1945 年为 6 854 亿元。财政赤字在政府财政支出的比重，1937 年为 6.93%，1941 年为 88.19%，1945 年为 56.4%。"⑤财政赤

---

①　[意]杜黑：《空权论》，耿振达译，武汉：华中科技大学出版社，2020 年版，第 5 页。

②　郭廷以：《近代中国史纲》，上海：上海人民出版社，2009 年版，第 447 页。

③　《马克思恩格斯全集》（第 9 卷），北京：人民出版社，2009 年版，第 174 页。

④　[美]费正清、[美]费维恺：《剑桥中华民国史》（下卷），杨品泉、张言等译，北京：中国社会科学出版社，1994 年版，第 27 页。

⑤　姜鲁鸣、王文华：《中国近现代国防经济史（1840—2009）》，北京：中国财政经济出版社，2012 年版，第 192—193 页。

字制约了军费投入,海军建设经费自然难以保障。另一方面,有限
的财政又主要用于陆、空军建设。"1930—1935 年,南京国民政府
每年可为海军拨付的经费只有千万元。海军年经费平均只占军费
支出的 3%,占财政总支出的 1%多一点","1937 年度国民政府的
国防建设费中,海军经费只相当于陆军的 1.8%,空军的3.27%,刚
够造一艘小炮艇。而同期日本海军的军费,竟相当于中国海军的
155 倍。"[①]1929 至 1937 年海军部统计的海军军费支出如下表
所示[②]:

| 年　度 | 经常费 | 临时费 | 共　计 |
|---|---|---|---|
| 1929(7—12 月) | 231 万余元 | 109 万余元 | 340 万余元 |
| 1930 | 571 万余元 | 404 万余元 | 976 万余元 |
| 1931 | 630 万余元 | 313 万余元 | 944 万余元 |
| 1932 | 556 万余元 | 539 万余元 | 1 095 万余元 |
| 1933 | 587 万余元 | 482 万余元 | 1 069 万余元 |
| 1934 | 809 万余元 | 261 万余元 | 1 070 万余元 |
| 1935 | 810 万余元 | 159 万余元 | 969 万余元 |
| 1936 | 817 万余元 | 227 万余元 | 1 044 万余元 |
| 1937 | 750 万余元 | 87 万余元 | 837 万余元 |

再一方面,海军建设的"需费巨""历时久"成为缓建海军的理
由。此种观点也遭到反驳,反驳理由之一:认为持此观点之人缺乏
对军备建设的研究。魏济民认为一个军种建设费不能以单个的装
备造价作对比,"必须以其继军力之建设费与其维持费、补充费之
总和来衡量。"[③]因此无法笼统地说海军建设就比陆军、空军建设
费用昂贵。反驳理由之二:尽管海军建设需要巨款,但海军效力也

① 姜鲁鸣、王文华:《中国近现代国防经济史(1840—2009)》,北京:中国财政经济
出版社,2012 年版,第 216 页。
② 包遵彭:《中国海军史》下册,台北:台湾书店,1970 年,第 671—673 页。
③ 魏济民:"中国海军建设论",《海军杂志》,1944 年第 4 期。

最久,"在陆海空军中,海军最长寿,陆军次之,空军又次之"①,除了用于战争外,海军平时还能承担护商护侨的特殊任务。反驳理由之三:尽管财力有限,但凭借我国的地大物博,总能解决海军建设的经费问题。总之,海军建设需耗费巨大财力成为部分人士提出暂缓海军建设的理由,是基于财政匮乏的客观现实。

其次,重工业薄弱和科技落后难以为海军建设提供足够的物质基础和技术支撑。民国工业基础薄弱,"晚到 1933 年,中国国内总产值的 63%—65% 来自农业"②。而"现代的军舰不仅是现代大工业的产物,而且同时还是现代大工业的缩影,是一个浮在水上的工厂"③,所以海军装备建设成效与一国冶金、煤矿开采等基础工业以及舰船生产能力不无关系,而基础工业发展与军工生产能力又受制于科学技术水平。民国科学技术落后使得丰富的资源未有得到充分开发和利用。民国"高度集约的传统农业部门,仅能在'正常'年景供养数量巨大的人口。因此,它通常无法提供农产品来供应大量城市劳动力的合理消费,或作为发展工业的原料,或作为出口商品而为迫切需要的资本和技术的进口筹措资金"④。南京国民政府成立后的 10 年期间,"由于工业基础薄弱,化学、钢铁、机械、光学仪器、石油等工业不发达,甚至是空白,制造弹药、水雷的硫酸、硝酸、酒精等化学工业原料生产严重不足,至于钢材、铜、光学仪器、通讯设备、要塞重炮的生产近于零,需要大量进口,由于

①　星德:"海军国防论",《海军整建月刊》,1940 年第 9 期。
②　[美]费正清、[美]费维恺:《剑桥中华民国史》(上卷),杨品泉、张言等译,北京:中国社会科学出版社,1994 年版,第 184 页。
③　《马克思恩格斯选集》(第 3 卷),北京:人民出版社,1972 年版,第 212 页。
④　[美]费正清、[美]费维恺:《剑桥中华民国史》(下卷),杨品泉、张言等译,北京:中国社会科学出版社,1994 年版,第 27 页。

缺少外汇,只能用有限的特有矿产钨、锑、锡以及大量的农产品去交换,因而军事工业的发展相当缓慢,舰船飞机等大型装备的产量很少,基本上还是停留在旧式枪炮的修理和仿制上。"[1]缺乏重工业作为基础,国防工业自然无从谈起,"不独造舰制炮必需仰给他人,即军火的补充亦困难万分。"[2]海军从 1912 年至 1927 年未造一艘新型舰艇,所有舰船装备皆为清廷遗产。尔后尽管制定了造舰计划,海军装备建设也有所突破,但由于受制于工业基础薄弱和科技落伍,所生产的舰船无论是数量还是质量,总体而言都难以满足现代化海军发展的需求。因此,加快建设国防工业显得尤为迫切,"重工业不发达,军需工业失其凭借,目前一千二舰艇及装备,多仰给盟邦供给,长此依赖,绝非善策。我们应当从速建立国防工业,俾能制造舰艇,以达自给自足之理想。"[3]

### 三、受到不平等条约束缚

鸦片战争以降,中国屡遭列强入侵并被迫与之签订了一系列不平等条约,这些条约给海军建设制造了诸多障碍。胡宗谦认为不平等条约导致中国沿海商埠,内河津要,帝国主义者之军舰,星罗棋布,所在多有,割让地为侵略中国之海军根据地,租借地亦变为列强远东海军根据地。[4]其结果:一是使得中国海防面临空前危机;二是使得中国海军效能丧失,"一旦有事,敌人立有致我死命的可能"[5];三是制海权丧失使得中国海军建设处处受到牵制,失去

---

① 姜鲁鸣、王文华:《中国近现代国防经济史(1840—2009)》,北京:中国财政经济出版社,2012 年版,第 204 页。

② 郭寿生:"'九二三'与甲午之战",《海军整建月刊》,1940 年第 7、8 期合刊。

③ 康肇祥:"厦门军港之展望",《灯塔月刊》,1947 年第 4 期。

④ 胡宗谦:"国防破碎中之中国海防与海军建设问题",《前途》,1935 年第 8 期。

⑤ 石竹:"整顿中国海军问题",《行健月刊》,1933 年第 1 期。

了海军建设所必需的宽松环境，许多本可以用作基地建设的天然良港，"除收回的胶州湾和威海卫外，所剩的不是割让便是租借，成为列强侵略远东的出发点"。①总之，在不平等条约未废除之前，亟须用外交手段，收回已失港湾，解缚不平等条约给海军建设带来的重重拘束。

## 四、海军自身弊端重重

除受上述外部因素制约外，海军自身存在的诸多弊端也是制约其发展的要素之一，最为突出的就是海军的分裂和腐败问题。首先，海军的编制、指挥及建设最贵统一，而民国海军分属不同派系，使得海军建设缺乏统一规划和管理。事实上，海军分裂问题自从晚清就存在，海军分裂也给海防带来了诸多消极影响。以中法战争为例，思想家王韬认为中法战争的失败，部分原因是海军的分裂，"兵分则力薄，将专则令一。假今中国海军十万，战船千艘，各守海口，不统于一，西兵未至，各口俱警，但知自守而不出战，出战亦力薄不胜，上年法事，其见端已。故中国兵分，即有海军三万，不得与西兵一战。中国兵一，则海上三万人之耳目，静听一人号令。今日以精兵七万，分布要害毋动，余水师往来南北，西兵至，则以三万水师并力迭击。船坚炮巨，兵勇将神，西国虽强，其奈我何？天降大任，当必有任是职者以管理中国海海战也。"②中法战争的失败固然有多重原因，但与海军分裂及缺乏统一指挥不无关系。到了民国时期，海军分裂问题仍未有得到实质性的解决，胡宗谦认为"内战之频仍""海军派别之分歧""海军编制之不统一"是海军不能

---

①　李一萍："明日的中国海军"，《先导》，1933年第8期。

②　海青：《中国近代思想家文库：王韬卷》，北京：中国人民大学出版社，2013年版，第290—291页。

振兴的主要原因。①由于各支海军挟省界的私见,门户各立,从未统一指挥,海军建设自然也无法上升到国家战略层次加以统一规划和管理,无法整合全国的人才、资金、技术以制造和研制新型武器和舰船。因此,海军建设亟须统一规划,形成合力,"务使一切计划、编制、训练、指挥均统一于中央,以免事权分歧,力量消长,致影响国家海军整个的建设"②。二是海军腐败现象严重。自晚清以来,海军腐败问题就饱受诟病,到了民国时期依然没有得到根本改变。石竹在《整顿中国海军问题》一文中指出民国时期海军腐败之表现:"平日之腐败,又多有传说,据传说其著者如陆战队不驻舰上,而在福安、宁海、福鼎、霞浦、长乐、连江等县种鸦片烟,烟毒余利,要人明分。"③其结果必然如石竹所言,"惟其腐败如此,故以偷安为能事""因海军腐劣,无自卫能力",可以从"严禁把持""整饬军纪""监督购械"三个方面着手剔除腐败积弊。④总之,海军腐败是民国政府腐败的缩影,腐败导致军心涣散,士气低落,战斗力下降。腐败不除,即使拥有最先进的装备,也无济于事。正如李一萍所指出的:"我国的海军,一向都是腐败脆弱,毫无制海的权力,所以海权丧失殆尽。海口的禁令,等于废纸具文;良好的港湾,割让的割让,租界的租界,门户洞开,险隘尽失;外国的战舰、潜艇、飞机、军队,都能够随时随地,向我国长驱直进,横冲直撞,如入无人之境。我国呢? 只有敛手坐视其蹂躏。"⑤由此可见,根除海军腐败这一顽疾是近代中国海军建设的重要命题之一。

---

① 胡宗谦:"国防破碎中之中国海防与海军建设问题",《前途》,1935 年第 8 期。
② 郭寿生:"'九二三'与甲午之战",《海军整建月刊》,1940 年第 7、8 期合刊。
③④ 石竹:"整顿中国海军问题",《行健月刊》,1933 年第 1 期。
⑤ 李一萍:"明日的中国海军",《先导》,1933 年第 8 期。

# 第四章 民国海权战略之二:维护海洋权利

## 第一节 收复海洋权利

鸦片战争以降,列强凭借其坚船利炮开始入侵中国并侵占中国海洋权利,与海洋权利丧失相伴的是晚清政府对海洋权利的坚决捍卫。晚清政府利用《万国公法》等国际法维护海洋权益,但是由于缺乏强大的海军作后盾等原因,总体收效甚微。到了民国时期,"中经国内鼎革事变与欧洲大战,主权之束缚与权利之损失日益增加"①。海权丧失是主权丧失的集中表现,"由于外国人的利益要求,而中国政府又软弱无力对其要求加以拒绝;于是在中国领土上的某些部分,政府的权力在形式上被削弱了,甚至被放弃了。这样在中国境内,形成了各种各样的条约口岸、租界、租借地和列强的势力范围"②。随着海权丧失带来严重后果的逐渐暴露,国人的海权维护意识进一步增强,民国各届政府也开始通过各种途径收复丧失的海洋权利并捍卫现有的海洋权利,并取得了一定的成效。

---

① 张忠绂:《中华民国外交史》,北京:华文出版社,2011年版,第409页。
② [美]费正清、[美]费维恺:《剑桥中华民国史》(上卷),杨品泉、张言等译,北京:中国社会科学出版社,1994年版,第126页。

## 一、划定海界并收复海道测量权

现代海界的概念是指"对外指国家管辖海域范围（领海、毗邻区、专属经济区、大陆架）的界限，对内指沿海地方行政单位和军事单位管辖海域的界限和海洋活动群体或个人利用海域空间和资源的界限。前者是一个国家主权或主权权利的标志，后者是地方、民间、个人开发利用海域的权属的标志"①。对海界的划分，《万国公法》在"管沿海近处之权"部分有明确规定，"各国所管海面及海口、澳湾、长矶所抱之海，此外更有沿海各处，离岸十里遥，依常例亦归其管辖也。盖炮弹所及之处，国权亦及焉。凡此全属其管辖而他国不与也"②，尽管如此，民国时期一些列强经常违背公法规定突破中国海界，侵夺中国海权。一方面，列强突破海界侵夺中国海权，部分原因在于列强掌控了中国的海道测量权。"海军部、外交部历来以中国沿海之公海、私海、岛屿周围的界线均未界定，以至海上主权经常为外国所侵犯，引起交涉"③，收复测量权是解决这一难题的重要手段。收复测量权之前需要做好相关的准备，"大家都认为领海划界适宜重要，应先设立海道测量局，训练测量人材，进行丈量经纬度及测绘外海、内江海图，以便收回海关越俎代庖之测量制图主权"，"1922年7月，海军部请外交部照会外交团，中国领海嗣后未经我国政府许可，各国不得自由测绘"④，从此收复列强窃取的测量制图主权。另一方面，成立划定海界的专门机构。

---

① 杨国桢、周志明："中国古代的海界与海洋历史权利"，《云南师范大学学报（哲学社会科学版）》，2010年第3期，第26页。
② ［美］惠顿：《万国公法》，丁韪良译，北京：中国政法大学出版社，2003年版，第133页。
③ 杨志本：《中华民国海军史料》，北京：海洋出版社，1987年版，第433页。
④ 杨志本：《中华民国海军史料》，北京：海洋出版社，1987年版，第434页。

为了划定海界,1921 年 7 月在海军部设立了由海军部、外交部及税务部三方人员组成的海界委员会,海界委员会认为海界是公法之基础、军事之防线、主权之疆界、御侮之藩篱,在参照他国海界宽度的基础上,最后决议中国海界从沿海凸凹处再推自身照潮落地点外推三海里为界,渔界同此界线。①由于中国过去对海界缺乏清晰的划分,给列强侵夺海权留下了空间,也表明了海权意识薄弱带来的严重后果。海界的划分为维护海洋权利奠定了法律依据。尽管由于各种因素无法根本改变中国领海主权被侵夺的现状,但这不能掩盖中国政府对于领海制度讨论的积极意义。②

## 二、收复海洋权利

近代中国海洋权利丧失始于晚清,晚清政府也为捍卫海权做出了一定的努力,但是收效甚微。20 世纪初,以陈独秀为代表的有识之士呼吁收复丧失的海港权、引水权、内河航行权等海洋权利。就海港而言,被列强侵占的香港、旅顺、胶州、威海、九龙、广州湾皆具有十分重要的地缘战略意义。从北方被俄所占的海参崴到南方被英、葡所占的香港、澳门,中国最重要的海港所剩无余,所以要争取尽快收复海港权。就引水权而言,诸多有识之士深刻认识到引水权的重要意义以及丧失引水权的严重后果,"引水权关涉海权海防,至为重要,自宜从速收回。盖引水向导,本属地主之事,应属本国人员充之,断不能假手于外人,一任其窥探举动。摄影绘图,深谙海口要塞无遗,丧权辱国,莫此为甚。试观东西各国,无闻有引水权授予外人者。反顾吾国充当引水者,多属外人,引水权之

---

① 陆烨:"海界委员会与民初海权意识",《史林》,2014 年第 6 期。
② 郭渊:"民国时期政府对邻海制度的讨论及对海洋权益的维护",《社会科学辑刊》,2017 年第 6 期。

丧失,实堪痛惜也。"①总之,作为国家主权组成部分的引水权"为国权所关,亦为军事所系"②,具有十分重要的战略意义。近代中国的引水权丧失开始于 1844 年 7 月签订的《中美望厦条约》,条约规定"凡合众国民人贸易船只进口,准其自雇引水,赴关隘处所,报明带进;俟税钞全完,仍令引水随时带出。"③1868 年 11 月施行的由海关总税司赫德拟定的《各海口引水总章》标志着中国引水权彻底丧失,直接威胁了国防安全和损害到航运业利益。民国时期为了收回引水权进行了艰苦的斗争。从 1934 年到 1937 年,海员与一部分航商的请愿、抗议、罢工就有 30 多次。④直至抗日战争胜利后,随着引水法规、管理制度以及引水人队伍的建立,才逐步收回引水权。随着新中国成立后《关于 1950 年航务工作的决定》《海港管理暂行条例》的颁布,才彻底收回引水权。就内河航运权而言,中国内河航行权丧失始于第二次鸦片战争前的长江对外开放,到了甲午中日战争后,列强又攫取了珠江等河流的航行权。内河航行权实际上是海权在内陆的进一步延伸,是国家主权的表现。民国时期为内河航行权的收复做出努力,但收效甚微,直到新中国成立后《海港管理暂行条例》《外籍轮船进出口管理暂行办法》的颁布,才彻底收回了沿海和内河航行权。总而言之,近代中国海权的丧失是西方列强侵夺中国主权的表现之一,"中国与周边国家的争端源于西方殖民体系对近代东方国际格局的冲击,以及殖民侵略

---

① 马骏杰、吴峰敏、张小龙:《民国报刊载海军史料汇编》,济南:山东画报出版社,2020 年版,第 283—284 页。

② 高晓星:《陈绍宽文集》,北京:海潮出版社,1994 年版,第 52 页。

③ 王铁崖:《中外旧约章汇编》(第一册),上海:上海财经大学出版社,2019 年版,第 48 页。

④ 任唯铿:"帝国主义劫夺我国引水权的始末",《学术月刊》,1961 年第 9 期。

过程中对中国历史以来固有海上领土主权和海疆的侵犯"①,伴随着海权丧失的是中国对海权的坚决维护。相对于晚清而言,民国时期国人的海权意识有了进一步提升,更加清醒地认识到中国诸多海洋权利丧失所带来的危害,于是通过各种途径去收复海洋权利,但是由于主客观多重因素的制约,并未完全收复丧失的海洋权利,但毕竟在近代中国捍卫海洋权利的道路上又前进了一步。当今中国在海权维护过程中要面对一些复杂的局面,近代中国在收复海洋权利过程中留下的诸多经验和教训,依然有着重要启示意义。

## 第二节 捍卫海洋权利

民国不仅通过各种途径收复丧失的海洋权利,而且面对列强对我国海洋权利的侵夺,还积极捍卫现有的海洋权利,并取得了一定的成效。

### 一、捍卫南海诸岛主权

南海诸岛主权自古以来就属于中国,"早在汉代,中国人民开始在涨海(即今南海)航行,在长期的航行和生产实践中,先后发现了南海诸岛……如果从东汉杨孚《异物志》开始记载南海诸岛算起,中国人民发现南海诸岛的历史将近二千年之久。如果从宋代以'九乳螺洲'命名西沙群岛、以'石塘'命名南沙群岛算起,中国人民正式命名西沙、南沙群岛的历史也已将近一千年之久了。"②自

---

① 〔德〕乔尔根·舒尔茨、〔德〕维尔弗雷德·A.赫尔曼、〔德〕汉斯-弗兰克·塞勒:《亚洲海洋战略》,鞠海龙等译,北京:人民出版社,2014年版,第158页。

② 韩振华:《我国南海诸岛史料汇编》(上),北京:东方出版社,1988年版,第2—3页。

晚清时期南海诸岛就受到日本等国的侵犯。例如,1902 年日本侵占了中国东沙岛,经过晚清政府的积极交涉,1909 年日本被迫将东沙岛归还中国,中国设立了"管理东沙岛委员会"处理东沙岛事务。进入民国时期,南海诸岛继续遭到法国、日本等国的侵占。法国自从控制安南以后,就开始图谋战略位置十分重要的西沙群岛,通过搜集史料试图证明安南对西沙群岛拥有"先有权"。1932 年法国宣布侵占西沙群岛的武德岛,1933 年 7 月侵占南沙群岛中的九小岛。1937 年 9 月,日本军舰"夕张"号登陆东沙岛后将其更名为"西泽岛"。1939 年 2 月日本攻陷海南岛后,进占西沙、南沙、东沙群岛,将南沙群岛更名为新南群岛,西沙群岛更名为平田群岛,全部归台湾总督管辖,隶属高雄县。日本战败后,于 1945 年 8 月 26 日全部退出南海诸岛。国民政府于 1946 年 7 月将南海诸岛改归广东政府管辖,8 月令饬广东政府接收南海诸岛,10 月"太平""中业"两舰进驻南沙最大岛屿长岛,"永兴""中建"两舰进驻西沙最大岛屿林岛,随后在各岛立碑纪念,对东沙、西沙、中沙、南沙群岛及各岛、礁、沙、滩名称进行重新命定,海军开始进驻各群岛。[①]接收南海诸岛后,着手开发,"西沙群岛鸟粪极丰,此种鸟粪为最佳之肥料,敌人于占领期间,大事采运。现经济部正与粤省府合作,着手开发,估计该岛鸟粪足供粤全省有余"[②]。另外,在捍卫南海诸岛的主权过程中,民间力量也发挥了重要作用。比如,1926年,厦门商人周骏烈承包了东沙岛水草专采权,缓解了政府岛礁开发的财政压力,遏制了列强对于岛礁的侵略野心,捍卫了岛礁的

---

① 陈书麟、陈贞寿:《中华民国海军通史》,北京:海潮出版社,1993 年版,第468 页。

② 马骏杰、吴峰敏、张小龙:《民国报刊载海军史料汇编》,济南:山东画报出版社,2020 年版,第 495 页。

主权。

总之，南海诸岛在经济、国防安全及交通等方面对于中国而言具有十分重要的战略意义。一是经济价值方面，南海诸岛"在资源及战略意义上仅次于中国大陆"[①]；二是对于国防安全的意义，"自万州迤南至七洲洋，粤海天堑最算险阻，是皆谈海防者所宜留意也"[②]，能否占有南海诸岛是掌控南海制海权的关键，"以经济地位而论，仅因其富产鸟粪，且为渔业重要之地，其利源尚小，如以国际地位而论，其关系于太平洋之军事动作则极大"[③]；三是处于交通要道，"在战时，军略上当然是重要的据点。就是在平时，利用这交通上的地位，就可以筑成淡水、食粮及其他船只需要品的供给站，而且可以供给当地的气象情报"[④]。在接收南海诸岛过程中，海军成为收复、进驻乃至管理南海诸岛不可替代的主角，足以证明海军永远是维护海洋权益的中坚力量。[⑤]与此同时，民国时期的南海诸岛管理制度逐渐完善，相较于晚清而言有所进步，形成了比较稳定的主管部门、多部门参与的管理体系，海洋管理逐步专业化和规范化，标志着我国海疆管理制度的确立和管理体系的形成，[⑥]彰显了我国海权维护能力的提升。

---

[①]　翁军、马骏杰：《民国时期中国海军论集》，济南：山东画报出版社，2014 年版，第 563 页。

[②]　徐家干：《洋防说略》，清光绪十三年刻本，第 48 页。

[③]　马骏杰、吴峰敏、张小龙：《民国报刊载海军史料汇编》，济南：山东画报出版社，2020 年版，第 448 页。

[④]　马骏杰、吴峰敏、张小龙：《民国报刊载海军史料汇编》，济南：山东画报出版社，2020 年版，第 469 页。

[⑤]　苏小东：《中国海军抗日战史》，北京：人民出版社，2017 年版，第 543 页。

[⑥]　刘永连、林才诗："民国时期我国海疆管理制度的确立和管理体系的形成"，《海南热带海洋学院学报》，2020 年第 6 期。

## 二、抵制外轮侵渔以维护渔权

从晚清至民国,我国沿海渔权一直遭受列强侵夺。列强侵夺中国渔权显然是违背了国际法。《万国公法》规定:"各国人民有专权捕鱼,在沿海本国辖内等处,他国之民不与焉。"①晚清时期最初是德国渔轮以胶州湾为根据地侵渔,张謇奏请清政府以巨款将该渔轮收买并制止德人从此后不得再以渔轮在我国领海捕鱼。接着日本又追踪而至,"我国沿海渔权,自清末以后即逐渐旁落,德轮侵渔,自经张季直奏请收买后,日本又追踪而至,北起大连,南至台湾,随处侵渔"②。日本自明治三十八年轮船拖网传入后,接着在1911年在沿海划定了禁渔区,使得日本渔业开始向外拓展渔场。日本1914年禁渔区扩大,使得渤海、黄海成为其唯一捕鱼区域。日本侵渔遍布华北、华中及华南。就在华北区侵渔而言,自从日本在1914年占据青岛后,就在青岛捕鱼,青岛成为日本在华侵渔根据地。就在华中侵渔而言,1928年至1931年,成队日渔轮由兵舰率领并保护之下,在临洪口及长江口外一带渔场侵捕,有渔轮38艘,是日本在华侵捕最为猖獗之际。就在华南侵渔而言,日本在华南侵渔主要以台湾和香港为根据地并设立公司。面对日本的侵渔,民国政府就通过派炮舰驱逐以及外交等手段进行维权。1931年,海部对保护沿海渔业给出了应对措施,"江浙闽粤沿海屡次发现日本渔船侵入我国领海以内渔猎海产,致本国渔业日益衰落,沿海渔民生计大受影响。海部顾念国内民生经济,除一面咨请财政部,电饬海关,查明该渔船艘数、鱼类数量,及进口日期外,一面

---

① [美]惠顿:《万国公法》,丁韪良译,北京:中国政法大学出版社,2003年版,第134页。

② 翁军、马骏杰:《民国时期中国海军论集》,济南:山东画报出版社,2014年版,第493页。

通令所属各舰艇，严密侦察日本渔船之行动，以为交涉之根据，并暂时将以前曾经依法划定之江浙两省领海范围，通饬各舰艇遵照。"[①]1931 年 3 月，财政部长孔祥熙提案国府会议取缔日轮侵渔办法，公布领海界线及海关缉私界线，通过豁免渔税减轻本国渔民负担，外籍百吨以下小轮进口捕鱼则按规定纳税，"（一）由外交部向日使馆严重抗议，根据中日并未缔结渔业条约，按照国际通例，日本渔船不得以中国领海港为渔业根据地，已来各渔轮，应即限期退出国境……（二）由财政部严饬海关，此后凡非正式商船，确从外国口岸运来之盐鲜鱼类，而无提单足资证明者，不得视为商品，一概禁止报关其岸"[②]。然而，迫于日本强硬交涉，该办法暂缓实行，未能从根本上解决日本对中国渔业权的侵犯。[③]民众在抵抗日本侵渔和捍卫渔权过程中，也发挥了重要作用。一是行业组织不再贩卖日鱼。1931 年 11 月，上海抗日会、上海冰鲜业会、上海各鱼行、上海菜场摊户总联合会等民间组织宣称嗣后一律勿再贩卖日鱼，以作根本抵制。二是行业组织敦促政府维护渔权。1937 年 5 月，定海同乡会电请实业部，指出了日本渔轮前来我国领海越界捕鱼关系我国海权，若不严重交涉制止，则将来我国沿海渔场势必被其逐步侵逼，使我数百万渔民咸受威胁，后患何堪设想。[④]渔业组织对渔权的维护表明了"海洋民间组织作为海洋管理的新生力量，开始登上历史舞台，并在海洋渔业生产、海洋贸易等多个领域发挥了

---

① 马骏杰、吴峰敏、张小龙：《民国报刊载海军史料汇编》，济南：山东画报出版社，2020 年版，第 424 页。

② 李士豪、屈若搴：《中国渔业史》，郑州：河南人民出版社，2018 年版，第 207—208 页。

③ 李士豪、屈若搴：《中国渔业史》，郑州：河南人民出版社，2018 年版，第 198—209 页。

④ 凌富亚："匹夫有责：民国时期的海权危机与民间应对"，《海南师范大学学报（社会科学版）》，2017 年第 5 期。

重要作用"①。抗日战争结束后,1947—1948 年,南京国民政府农业部制定《日本渔船越界捕鱼处理办法》规定:日本捕鱼区域在对日和约未签订前,应以驻日盟军总部所规定之范围为标准,其逾越该项范围而向中国方向捕鱼者,以越界捕鱼论;凡越界捕鱼之日本渔船、渔具、获物应予没收,其船长船员驱逐出境;凡越界捕鱼之日本渔船经缉获后,由当地最高渔业主管官署会同缉获机关询明后,依前条之规定处分之。事实上,主管部门并未按照规定积极地付诸实际行动,"仍以战前次殖民地自居,实为有损国格之举动"。总之,渔权即海权,列强对中国渔权的侵夺,中国损失的不仅是经济利益,同时包括国家主权的丧失。列强之所以能够屡次侵夺中国渔权,根本原因在于中国缺少强大的海上力量保护渔权,因为渔权维护终究需要海军做后盾。既然渔权屡遭侵犯与当时中国海军不够强大不无关系,那么加快海军建设也是捍卫渔权的重要路径之一,"倚赖着强大的海军为后盾,以与我国渔民的赤手空拳相较,自然又要优越得多了。我国如果要保护此海上生命线,保障海上的国防线,又岂能忽略海军吗"②。即使外交手段的运用也需要军事力量的支撑,正所谓弱国无外交,"假如一个国家拥有足够强大的军事实力,它可能就不再需要进行讨价还价了……国家可以强制性击退和驱逐、进犯和占领、俘获和剿灭、解除武装和使之丧失能力、限制行动和阻止进入以及直接挫败入侵或攻击。如果它有足够的力量,它就能够实现上述目标"③。

---

① 党晓虹:"明清以至民国时期海洋民间组织的历史演变与当代启示——以海洋渔业生产互助组织为中心的考察",《农业考古》,2014 年第 3 期。

② 翁军、马骏杰:《民国时期中国海军论集》,济南:山东画报出版社,2014 年版,第 494 页。

③ [美]托马斯·谢林:《军备及其影响》,毛瑞鹏译,上海:上海人民出版社,2017年版,第 1 页。

# 第五章　民国海权战略之三:发展海洋经济

## 第一节　发展海洋运输业

马汉在其《海权论》一书中指出,海权的发展不仅包括用武力控制海洋,或海上军事力量的发展,还包括平时贸易和海运的发展。[①]晚清时期,在世界"大航运"的时代背景下,魏源、李鸿章、孙中山、张謇等有识之士顺应了世界各国大力发展海上运输业的潮流,积极探索近代中国海上运输业的发展方向。魏源认为改河运为海运是合乎时势,"时之未至,虽圣人不能先天以开人,行海运必今日,其诸至创而至因者乎!古之帝者不尽负海而都,或负海都矣,而海道未通,海氛未靖,海商海舶未备,虽欲藉海用海无自。故三代有贡道,无漕运;汉、唐有漕运,无海运;元、明海运矣,而有官运,无商运。其以海代河,商代官,必待我道光五年乘天时人事至顺而行之。"[②]魏源吸取了海洋性国家的经验,指出了海运利国利民利商,展示其深远的战略眼光。李鸿章在《试办招商轮船折》:"若有官设立商局招徕,则各商所有轮船股本,必渐归并官局,似足

---

① 〔美〕阿尔弗雷德·塞耶·马汉:《海权论》,范利鸿译,西安:陕西师范大学出版社,2007年版,第42—45页。

② 《魏源集》(上册),北京:中华书局,2018年版,第420页。

顺商情而张国体。拟请先行试办招商……庶使我内江外海之利，不致为洋人占尽，其关系于国计民生，实非浅鲜。"①李鸿章创办了轮船招商局以实现振兴本国商务以分洋商之利、巩固海防等目的。王韬认为中国必须与他国通商方能获取额外利益，"通商者，往来相通也。今西来而我不往，谓之通商，可乎？招商局之立，分西人取中国之利，而非华人取中国之利也。故商局立而西商少利，华商仍不利。欲华商之利，必商轮直达欧洲、美洲以通商"②。关于海运业的发展，王韬相较于李鸿章而言，有着更为深远的认知，中国海运业的发展目标不仅为了在国内遏制列强对中国利益的侵夺，最为重要的是要通过国际通商以获取他国利益。孙中山在比较了中国、日本、美国的海运业发展的基础上，充分肯定了海运业对于中国的重要性，并在《建国方略》中进行了发展海运业的构想，"建四个二等海港、九个三等海港及十五个渔业港。此四个二等海港，应以下列之情形配置之，即一在北极端，一在南极端，其他之港则间在此三世界大港之间"③。可以看出，孙中山把航运业的发展上升到国家战略的高度，具有一定的前瞻性。张謇在晚清时期，同样为了发展海运业做出了艰苦努力，包括设立商船公会、创建商船学校等等。

到了民国时期，中国海外贸易几乎被外国船只垄断，海洋权益遭受严重侵犯，"在20世纪前20年，中国对外贸易总值85%—

---

① 李书源等：《筹办夷务始末》（同治朝）（九），北京：中华书局，1964年版，第3554—3555页。

② 海青：《中国近代思想家文库：王韬卷》，北京：中国人民大学出版社，2013年版，第292页。

③ 中国社科院近代史所：《孙中山全集》（第六卷），北京：中华书局，2006年版，第325页。

90％的货物，是由悬挂外国旗帜的船只运送的"①。按照国际法规定，一国沿海岸和内河航运，一般只有本国船只可以通行，所以民国时期外国船只在中国港口和内河之间航运完全是缔约列强强加给中国的。②垄断中国航运业的列强主要有英、日、美、丹麦、挪威、瑞典、荷兰、葡萄牙等国。列强在中国发展海运业刺激了国人对海运业发展的进一步探索。关于发展海运业的重要性，有识之士指出："我们中国是个工商业落后的国家。向来成为列强的公共市场。每年人超达到威胁民族经济的数目，这是多大的一种损失！我们如果阻塞这利权外溢的漏卮，除了一方面竭力开发国内的富源和振兴工业外，另一方面，发展商业和致力经营海运也是要举之一。我们纵不想用优势的海军去和别人争夺殖民地或市场，但至少限度也得具有相当的海军实力，方足以维持海上贸易的安定，及保障许多在海外经商侨胞们的利益。如果能照这样做去，那促进国内经济的繁荣是又拭目而待的。"③发展海运业不仅可以阻止利权外溢，而且是发展经济的重要路径。为了与列强的在华航运业争竞，民国就如何发展海运业给出了对策。具体举措包括：一是提供制度保障和加强管理。民国初期颁布的诸多保护和鼓励工商业发展的法令为海运业的发展提供了制度保障。1930 年成立了管理航运事务的专门机构航政局，确保了海运业发展的规范性和有序性。二是增加商船和航线数量。北洋政府时期，万吨级的轮船

---

① ［美］费正清、［美］费维恺：《剑桥中华民国史》（上），杨品泉、张言等译，北京：中国社会科学出版社，1994 年版，第 194 页。

② ［美］费正清：《剑桥中国晚清史》（上），杨品泉等译，北京：中国社会科学出版社，1994 年版，第 195 页。

③ 翁军、马骏杰：《民国时期中国海军论集》，济南：山东画报出版社，2014 年版，第 306—307 页。

实现了零的突破,轮船数量和远洋航线也急剧增长。截至 1924 年,42 个远洋航线企业拥有轮船 73 艘,总吨数达到 131 107 吨。①国民政府时期,中国轮船数量和海运公司继续增加,到 1936 年为止,拥有万吨以上轮船的公司 14 个,5 000 吨以上轮船的公司有 27 个。②三是大力培养海运业人才。开办了吴淞商船学校等航运学校以培养海运人才,到 1936 年已有 4 039 人获得中级或高级船员证书。③四是争取华侨支持,海外航线因华侨参与创办远洋航运公司而不断增多。尽管海运业相比晚清而言有较大发展,但依然受到内战不断、列强对中国内河航运权侵夺以及列强对中国对外贸易的封锁等因素的制约。例如,抗日战争期间,"为切断中国外援,日本对海陆交通进行封锁。'七七'事变爆发后仅一个月,日本就封锁了中国北方至上海的海上航路。1938 年 10 月,广州沦陷后,中国通过香港与国外的贸易线路也被切断。1939 年 5 月,又禁止第三国船只在中国航行。至此,中国海上交通完全中断。"④这无疑给中国的海运业发展带来了巨大障碍,究其原因,与海军实力的薄弱不无关系,"海岸被侵占了,沿海被敌人非法封锁了,突破封锁与实行反封锁的力量自然更没有了。本来在军事上海上贸易是举足轻重的事,尤其是我们军需品靠国外援助的国家,因海军之薄弱,本来应该对于我们有利的海,一转而于我们不利了。因为假如没有海,敌人也不至于'升入堂奥',而我们也更不至于'期门待战'了。因海岸之封锁最大影响我们的军需品之输入,次之是出入口

---

①②③　张诗雨:"晚清以来我国海运事业的腐败与发展",《中国发展观察》,2016 年第 9 期。

④　姜鲁鸣、王文华:《中国近现代国防经济史(1840—2009)》,北京:中国财政经济出版社,2012 年版,第 262 页。

的关税的坚守"①。总之,民国时期对发展海运业的认知和实践相对晚清而言有所进步,但是囿于列强的钳制以及缺乏强大海军作保障,使得民国海运业的发展受到了阻碍,与世界海运业发达国家相比,差距甚远。

## 第二节　发展海洋渔业

作为农业的副业,我国渔业起始于殷、周之际,就"渔盐之利"来说,渔业并未像盐业那样得到各朝代的重视,从秦朝到明朝,渔业并未根本变化。鸦片战争以降,随着列强对中国渔业的侵夺,渔业发展在巩固国防和海权维护中的作用逐渐被认识,"时欧化东渐,互市日繁,人渐知水产事业之重要,南通张季直请设立渔业公司,购置渔轮,从事采捕,此为我国新式渔业之嚆矢,而吾国渔业,乃走入一新对阶段"②。晚清时期中国渔权受到列强侵犯,张謇提出了"渔权即海权"的指导思想,把渔权上升到国家主权高度加以对待,并且通过多重途径维护渔权。为了维护渔权,晚清政府给出了应对措施。比如,规定了新旧渔业行渔范围,近海属于中国主权范围内,远洋为公共之地,因此拖船捕鱼应选择远洋,小船捕鱼宜在近海,做到内外相资为用,③并在各省设立渔业公司管理渔政,具体措施包括在南北洋设立总公司负责统一领导、设专管渔政之官、渔会地方设立初等小学提升渔民文化、建立水产和商船学校以

---

① 翁军、马骏杰:《民国时期中国海军论集》,济南:山东画报出版社,2014年版,第466页。

② 李士豪、屈若搴:《中国渔业史》,郑州:河南人民出版社,2018年版,第6页。

③ 翁军、马骏杰:《民国时期中国海军论集》,济南:山东画报出版社,2014年版,第492页。

培养水产研究和航运人才等。到了民国时期,中国渔权进一步遭
到列强侵夺,中国渔业更是一落千丈,"他国的渔船有他的本国军
舰做他们的护符,遂变本加厉,乘隙而入打尽我们邻海的鱼,卖给
我国,将我们的金钱吸收而去。长此以往,我滨海渔民生计势将濒
于绝地"①。为了进一步发展渔业,维护渔权,民国政府采取了以
下措施:一是加强渔业管理。民国初年,农林部设立渔业局管理渔
政。在农林部合并至农商部后,设渔牧司管理渔政,渔牧司涉及渔
业管理的内容包括水产监督保护及教育、渔业监督保护、公海渔业
奖励、渔业团体等。公布了渔轮护洋缉盗奖励条例、公海渔业奖励
条例等。1929 年国民政府颁布了渔业法及渔会法,各种法规逐渐
具备。1934 年国民政府下令豁免渔税以刺激渔业发展。②二是开
展渔业实验与调查。清朝以前,我国渔业试验及指导等设施未受
到关注,到了民国才始渐知其重要。分别创办山东省立水产实验
场、江苏省立渔业试验场、浙江省立水产试验场、广东省立水产试
验场等试验场。设置海洋调查所负责海洋渔业调查,调查所设置
海洋部、水产生物部及编辑调查部。③三是加强水产人才培养。水
产人才的培养开始于晚清,"盖因此项人材,可以移作商船及海军
之用也"④。自从民国元年创办了江苏省立水产学校,后面又创办
了河北省立水产专科学校、浙江省立高级水产学校、江苏省立连云
初级水产职业学校、集美高级水产航海学校、广东省立高级学校、
山东水产讲习所等学校,同时还创办了厦门渔民小学、广东汕尾渔

① 高晓星:《陈绍宽文集》,北京:海潮出版社,1994 年版,第 66 页。

② 李士豪、屈若搴:《中国渔业史》,郑州:河南人民出版社,2018 年版,第 17—30 页。

③ 李士豪、屈若搴:《中国渔业史》,郑州:河南人民出版社,2018 年版,第 101—106 页。

④ 李士豪、屈若搴:《中国渔业史》,郑州:河南人民出版社,2018 年版,第 125 页。

业学校等渔民小学，如上学校的创办，为渔业发展培养了诸多人才。经过努力，民国时期的海洋渔业有了较大发展，部分实现了通过发展渔权以维护海权的目的。但是由于列强侵略、时局动荡、生产技术落后、苛捐杂税繁重等原因，民国时期的海洋渔业并未得到充分的发展，在规划实施、人才培养及科技进步等方面，与海洋渔业发达国家相比还有很大距离。

# 第六章 民国海权战略的制约因素

## 第一节 政 治 因 素

政治因素无疑是影响一国海权战略的首要因素。关于政治因素对海权的影响，马汉指出，"特殊形式的政府和制度，以及不同时期各个统治者的特点，会对海权的发展起到明显的影响。"①从某种意义上说，国家海权战略是国家战略的重要组成部分，而国家战略总会受到一国特定时期的政局、制度等政治因素的影响。就此而言，民国海权战略自然要受制于民国时期的政治因素的制约。

首先，国内政治动荡制约了民国对海权深入的认知和实践。北洋政府时期军阀混战不断，先后爆发了二次革命、护国运动、护法运动、直皖战争、直奉战争、齐卢之战以及北伐战争等，南京国民政府统一中国后，又爆发了抗日战争、解放战争等，"在民国期间，举凡地方性和地区性，以至全国规模的长期和短期的武装冲突，可以毫不夸张地说，有数十百次之多"②。民国时期的时局动荡，使

---

① ［美］阿尔弗雷德·塞耶·马汉：《海权论》，范利鸿译，西安：陕西师范大学出版社，2007年版，第69页。

② ［美］费正清、［美］费维恺：《剑桥中华民国史》（上卷），杨品泉、张言等译，北京：中国社会科学出版社，1994年版，第289页。

得政府难以投入大量的财力、人力、物力用于海军建设以及海权的维护和发展。在时局动荡之际，难以对海权进行广泛宣传，普通民众对海权知之甚少，海权只是在海军和少数知识阶层内部被认知和讨论。总之，海权维护和发展离不开稳定的国内政治环境，民国政治动荡是制约海权战略正确制定和有效实施的首要因素。

其次，战争以内战为主使得海军建设失去内在动力。相较于晚清抵御外侮中的五次海战而言，民国时期的国内战争次数多于抵御外侮之战的次数。国内战争多以陆战为主，海军仅仅作为各派系作战的辅助力量。无论是北洋政府还是国民政府都无需借助发展海军来增强军事战斗力，因此也就不可能像晚清政府建设北洋海军抵御外侮那样投入巨大财力和人力建设海军，致使海军建设缺乏恒久的内在动力。

再次，政治分裂制约了海军现代化进程。政治的分裂带来了海军的分裂，海军分属不同派系使得海军发展缺乏统一规划和管理。如前所述，海军分裂始于晚清，晚清各舰队互不统属，"19 世纪末，清帝国也采用了同样的方法来加强其对海军的政治控制，结果造成了灾难性的后果"[1]。民国军舰只数虽少，但系统异常复杂，东北系、闽系、粤系等不同派系的海军"挟省界的私见，门户各立，所以从未统一指挥"[2]，海军完全沦丧为各军阀利用的工具，而海军的编制和指挥又最贵统一。海军的分裂自然无法集全国之力兴办海军，"由于中国之海军，自来皆一党一系所把持，非全国人众

---

[1]　［英］安德鲁·兰伯特：《海洋与权力：一部新文明史》，龚昊译，湖南文艺出版社，2021 年版，第 322 页。

[2]　翁军、马骏杰：《民国时期中国海军论集》，济南：山东画报出版社，2014 年版，第 79 页。

志成城之海军"①。政治分裂使得海军建设无法上升到国家战略层次加以规划和统一管理,各政治军事集团仅仅以战胜国内对手为最终目的,无法整合全国的人才、资金、技术以制造和研制新型武器和舰船,致使海军失去了走向现代化所必须的条件。与此同时,从国际政治而言,西方帝国主义列强在中国势力的扩大和深入以及日本对中国的侵略等外在因素的影响,无疑也为民国海权战略的实施带来诸多障碍。

## 第二节 经 济 因 素

经济因素也是制约民国海权战略的重要因素之一。曾任苏联海军总司令的戈尔什科夫认为:"海上威力的发展条件归根结底取决于一个国家的经济发展、社会发展的水平和这个国家的政策。"②经济发展对于海权发展起到关键性作用。民国时期由于战争不断,中国长期处于内乱状态,生产力遭到破坏,消耗了大量的财力、物力和人力。南京临时政府时期财政拮据到靠借债度日,南北统一后依然库空如洗。③北京政府时期,财政可谓捉襟见肘,度日如年,"当一九一七年参战问题发生之时,中国政府之财政,困难已达极点"④,在政府支出中,军费高居首位,财政预算中的军费开支平均为预算数的39%。⑤南京政府成立后,其财政支出主要用于

① 翁军、马骏杰:《民国时期中国海军论集》,济南:山东画报出版社,2014年版,第50页。
② [苏]谢·格·戈尔什科夫:《国家的海上威力》,济司二部译,北京:生活·读书·新知三联书店,1977年版,第5页。
③ 李新:《中华民国史》第二卷(上),北京:中华书局,2011年版,第391页。
④ 张忠绂:《中华民国外交史》,北京:华文出版社,2011年版,第193页。
⑤ 李新:《中华民国史》第四卷,北京:中华书局,2011年版,第516—517页。

战费,并且债台高筑。以 1934 年国民政府财政实支为例,军事费占 3.678 多亿元,占实支总额的 34.4%,债务费为 3.56 亿元,占实支总额的 33.2%,两者合计占实支总额的 67.6%。[①]抗日战争爆发后,国民政府的财政开支由于军政开支居高不下,导致赤字情况渐趋严重。因此,从客观原因来看,财政拮据限制了海军建设的经费投入。"民国以后,军阀把持政权,一切国家财力,都消耗于内战,海军经费几至不能维持,更谈不到建设。国民革命军统一全国,国民政府定都南京,此时才提倡海军新建设,但以国家财政竭蹶,对于海军建设,不能达到目的。"[②]各强国海军建设每年所用经费恒占全国岁收百分之三十左右,而中国海军经费每月尚不及全国岁收千分之一二,如此微薄的海军军费难以建设一支足以保家卫国的海军,"所以海军力量对外是万万不足以保卫国疆的,如此薄弱,非全体国民加以注意,加以援助,则海军无建设的能力,不但国际地位不能提高,不平等条约不能取消"[③],海军军费的投入且不说与大国相比,即使与一些小国相比,也具有一定差距,"吾国海军,则仅占军费全数百分之一有齐,较之土耳其、阿根廷、希腊诸小邦,尚属有逊"[④]。从主观原因来看,民国时期由于对海军重视程度要弱于空军和陆军,因此在经费投入上也就相对较少。对此,海军部长陈绍宽在海军部成立四周年纪念会上做过比较,空军每月经费一百万,陆军每月经费两千万,而海军每月经费每月不过四十万,

---

①　李新:《中华民国史》第八卷(下),北京:中华书局,2011 年版,第 775 页。

②　翁军、马骏杰:《民国时期中国海军论集》,济南:山东画报出版社,2014 年版,第 323 页。

③　高晓星:《陈绍宽文集》,北京:海潮出版社,1994 年版,第 63 页。

④　翁军、马骏杰:《民国时期中国海军论集》,济南:山东画报出版社,2014 年版,第 133 页。

因为海军限于经费而不能充分建设,实力才如此薄弱。①总之,民国政府主观上对海军的不够重视以及客观上财政匮乏等原因无疑会影响到海军军费投入,会直接影响到海军建设的成效。一方面,在世界海军突飞猛进发展之际,缺乏足够的经费支持,将直接制约民国海军跟上世界海军发展的步伐;另一方面,财政匮乏也会影响到工业和科技发展,而工业和科技发展是海军装备建设的重要基础。民国海军建设缓慢与工业、科技相对落后不无关系。概而言之,民国财政匮乏影响到海军建设,没有强大的海军也就无法为海洋权利维护和海洋权益争取提供坚强后盾。

## 第三节 观 念 因 素

马汉认为发展海权的要素之一是拥有热心于向海洋发展的国民性格,"如果海权真正是建立在一种广泛的平时贸易的基础之上,那么从事商业的习性往往必然是依靠海洋强大起来的民族的显著特点"②。中国的地缘特征及传统经济模式决定了向海而生国民性格的阙如,进而走向闭关自守,"中国人自古以来就对海上来到他们国家的一切外国人抱有反感,而且并非毫无根据地把他们同那些看来总是出没于中国沿海的海盗式冒险家相提并论"③,这无疑对近代海权的认知和实践产生制约。相对于晚清而言,随着西方海权观念在中国的传播以及列强对中国海权的进一步侵夺,民国关于海洋和海军的重要性认知有了进一步发展,但是并未

---

① 高晓星:《陈绍宽文集》,北京:海潮出版社,1994年版,第113页。

② [美]阿尔弗雷德·塞耶·马汉:《海权论》,范利鸿译,西安:陕西师范大学出版社,2007年版,第62页。

③ 《马克思恩格斯论中国》,北京:人民出版社,2015年版,第66页。

发生根本性的转变。"重陆轻海"和"舍海言空"的思想观念依然制约了民国海权认知和实践。

　　首先,重陆轻海的思想观念形成有其客观原因。英国历史学家安德鲁·兰伯特对古代中国的海洋观进行了评价,"它对海洋的态度一直是非常消极的,几千年来莫不如此。只要中国仍然是一个幅员辽阔,子民众多的陆地帝国,它就永远不可能成为一个海权,对它来说,天命的要旨就是养活人民,维持国内秩序。海洋是如此的不重要,或者说是如此的危险"①。无独有偶,美国历史学家费正清等认为古代中国认识到"如果想要在控制陆地的同时,也控制住海洋,就需要发展海军力量,就需要在设备和技术上进行比较多的投资。所有这些基本因素,再加附近不存在可以与之竞争的海上力量,使得早期的中国忽视了海洋,而听任海洋为私人团体所利用"②,"中华帝国面向陆地的倾向,妨碍其向海上的扩张"③。从边防来看,中国自古以来外患主要来自西北边疆,因此形成了固守陆疆的国防观念,"所以秦筑长城,汉平西域……此种陈旧的思想,在海上风云变化万状的今日,如仍存留而不予祛除,实在上大时代的落伍者"④。事实上民国时期依然存在严重的"重陆轻海"思想,有些人并未在新的时代背景下重新审视海洋的重要意义,因此认为"至于我国,以领土而论是完整的,大陆广大,物产丰富,只

　　①　[英]安德鲁·兰伯特:《海洋与权力:一部新文明史》,龚昊译,长沙:湖南文艺出版社,2021年版,第322页。
　　②　[美]费正清、[美]费维恺:《剑桥中华民国史》(上卷),杨品泉、张言等译,北京:中国社会科学出版社,1994年版,第13页。
　　③　[美]费正清、[美]费维恺:《剑桥中华民国史》(上卷),杨品泉、张言等译,北京:中国社会科学出版社,1994年版,第18页。
　　④　翁军、马骏杰:《民国时期中国海军论集》,济南:山东画报出版社,2014年版,第567—568页。

要能力行开发,不仅自足,而且有余,更没有积极侵略的必要,当然用不着抛掷大量的财力,在海上来争雄"①。中国固然不需为了与列强在海上争雄而建设海军,但是海权的维护、海洋经济的发展等,无不需要强大的海军做支撑。如果说民众的"重陆轻海"观念对海权战略产生的影响相对较轻的话,那么最高领导者的陆海观念对海权战略发展的影响是巨大的。比如,受重陆轻海思想影响,蒋介石的海防思想甚至停留在鸦片战争时期的防御认知,他认为如果中英开战,中国可以依据大陆与英国相持,因为英国凭借的舰炮离开了海岸一百里地方作战就失去效能了。②蒋介石对英国海军战斗力缺乏正确研判,说明其防御策略甚至还停留在第一次鸦片战争的"以守为战"的防御思想。蒋介石的重陆轻海思想加上"攘外必先安内"的国策,直接决定其对海军建设的重视程度较低。蒋介石认为中国海军建设既无基础、经费短缺且周期太长,所以在海防建设上坚持"陆主海从"并以空军建设为中心的原则。一直到蒋介石败走台湾还认为如果陆军精强则胜十年海军。③对此,有学者指出,尽管晚清以降重陆轻海和传统国防观念受到猛烈冲击,但在民国时期又以新的形式出现,海防观念从"海不必防"转变为"海不能防"。尽管蒋介石也批判这两种错误观念,但从他对海防建设的态度可以看出他思想深层仍旧是这两种观念在作怪。④由此可见,"一个民族国家的历史、哲学传统以及根深蒂固的习惯态度决定了其领导人运用军事力量和其他形式国家实力的目的和方式"⑤。

---

① 马骏杰、吴峰敏、张小龙:《民国报刊载海军史料汇编》,济南:山东画报出版社,2020 年版,第 432 页。

② 周康燮:《蒋总统言论汇编》,香港:大东图书公司 1978 年版,第 104—105 页。

③④ 高晓星:"评蒋介石的海防言论和行动",《军事历史研究》,1995 年第 4 期。

⑤ [美]詹姆斯·R.福尔摩斯、[美]安珠·C.温特、[日]吉原恒淑:《印度二十一世纪海军战略》,鞠海龙译,北京:人民出版社,2016 年版,第 3 页。

就"舍海言空"观念而言,民国政要们大都认为海军建设周期长,加强空军建设更有利于巩固海防和维护海权。部分有识之士对此观点进行了批评,指出了海军建设不可废的几点理由:一是空军只能避免敌人的缠绕,不能防守本国海岸和占领敌国海疆;二是海军是海防前锋,没有海军作为前驱加以协防,空军很难发挥作用,"空军如欲活动于海外,须赖海军力量为之缩短距离,更赖海军运输为之接济"[①];三是空军续航能力总是有其限度,且无法建立空中根据地。事实上,海、陆、空各军建设应当统筹兼顾,缺一不可,"尤其是强邻压境,外患逼迫,海防为第一线,更难忽视"[②]。事实上,空军与海军各有自己的优势和局限性,所以空军无法替代海军,"舍海言空"表明了对海军和空军缺乏深入的认知。

总之,中国传统的"重陆轻海"观念的形成与地缘特征和经济特征有关,是一种客观现象,"中国的海洋观念,不像西方是很自然的。中国的观念,'四海之内',海,就是边缘,出了海,就没有了。中国人到了海边,决不会像欧洲人一样,看到了希望,看到了未来,看到了财富,而是穷途末路,天涯海角。对古代中国人有吸引力的是长安,是洛阳,是内地政治经济发达的地方,而不是什么海边。大海对于古代中国只有渔盐之利,打鱼晒盐。到西汉末年,中国的航海其实已经很发达了。汉朝也比较重视航海,但以后却倒退了。为什么?因为没有用。另一方面,中国也不从海上受到威胁,要有威胁才有必要建海军。对中国威胁最大的只是倭寇,直到西班牙人、葡萄牙人、荷兰人航海过来。正因为这样,中国没有、也不把海上看成自己的威胁,用不着过多地加强海防,另一方面,海洋也没

---

① 高晓星:《陈绍宽文集》,北京:海潮出版社,1994年版,第310页。
② 翁军、马骏杰:《民国时期中国海军论集》,济南:山东画报出版社,2014年版,第326页。

有给中国带来像地中海所带来的这么一种利益"①。即使到了民国时期,"重陆轻海"的观念也未有得以根本改变,这与海防失败不无关系,"日本的两次侵华战争,使得中国的海洋化努力一再受挫,长期以来象征中国现代化和海洋化成就的沿海地区几乎全部沦陷。在这种情况下,部分舆论不由自主地折返回陆地中国,重新强调传统中国具有优势的大陆性特征及其文明"②。但是随着海洋重要性的日益凸显,不能固守于传统观念,必需做到与时俱进,重新审视海洋对中国的重要意义,结合中国地缘特征和具体国情给出应对策略。近代"重陆轻海"观念制约海权战略发展所留下的教训,对当今中国依然有着重要的启示意义。为了加快建设海洋强国,需要提升全民海洋意识,破除固有的"重陆轻海"观念,树立"陆海统筹"观念,辩证地思考陆海关系。

---

① 葛剑雄:"丝绸之路的历史回眸",《光明日报》,2015年7月9日。
② 彭南生、邵彦涛:"陆地中国还是海洋中国——民国时期第四次建都论战中的东西之争及其内涵",《人文杂志》,2014年第2期。

# 第七章　民国时期中日海权战略比较

　　近代中国海权战略演变总是与日本有着重要关联。晚清时期,中国在甲午战争中的失利既是对晚清海军建设成效的检测,也是对晚清海权战略的检测,其留下的深刻教训对民国海权战略有着深远的启示意义。一方面,甲午战败,海军遭受重创,导致遗留给民国的海军力量极其薄弱。另一方面,因甲午战败而对日本的巨额赔款,则为日本海军发展注入了一定的建设资金。如前所述,民国时期国际海权竞争更加激烈,海权竞争的区域逐渐从大西洋转向远东和太平洋。在应对国际海权竞争的大潮中,中国与日本选择了不同的海权战略,其结果对两国近代历史命运产生了各自不同的影响。过去学界关于晚清时期的中日海权战略比较有所研究,但对民国时期中日两国海权战略的研究成果屈指可数,[①]对二者作比较研究几乎是空白。当今中国正在加快建设海洋强国,海权维护和发展是海洋强国建设的核心,因此离不开对近代中国海

---

　　① 　这方面的代表性研究成果主要有:谢茜:"日本海权的崛起与全面侵华战争",《武汉大学学报》(人文科学版),2011年第1期;秦立志:"体系变革、战略塑造与近代日本的海权兴衰",《日本研究》,2020年第1期;苏小东:《中国海军抗日战史》,北京:人民出版社,2017年版;马骏杰:《中国海军长江抗战纪实》,济南:山东画报出版社,2013年版。

权战略经验教训的总结。而近代中国海权战略演变与日本海权战略兴衰彼此关联,通过对民国时期中日海权战略的目标、力量、措施及其影响因素等方面的比较,有利于深入反思近代中国海权战略的得失成败,为当前我国海洋强国建设与海权战略制定提供启示。

## 第一节　中日海权战略目标比较

### 一、中国海权战略目标

相比晚清而言,民国时期的国际海权竞争更加激烈,且竞争区域向远东和太平洋转移,这无疑给中国国防安全带来巨大压力。为了维护国防安全和捍卫海洋权利,必须制定相应的海洋战略加以应对。基于对国内外形势的研判,民国对海权战略目标进行了构想。

首先,对国际海权竞争的研判。一方面,国人敏锐认识到世界海权竞争区域转向太平洋和远东。"何为太平洋问题? 即世界之海权问题也"①,太平洋问题具体表现为日本在东亚的突起、美国为维护其太平洋殖民地与在中国的势力而向太平洋发展以及英国为支配澳洲、新西兰和印度的海上治安而建立新加坡海军根据地等。②另一方面,国人深切感受到列强在太平洋争霸将会给中国带来的危机。孙中山早有断言,作为太平洋之门户的中国,"谁握此

---

① 中国社科院近代史所:《孙中山全集》(第五卷),北京:中华书局,2006 年版,第119 页。
② 马骏杰、张伟、陈美慧:《郭寿生海军研究文集》,济南:山东画报出版社,2017年版,第 41 页。

门户,则有此堂奥、有此宝藏也。"①法国政论家辟维(Pinon)指出,"太平洋问题,不啻是中国问题,海洋不过是交通线,岛屿不过是栖息所,中国才是最后的目的。"②郭寿生指出,"中国的地位,在太平洋上最为重要,为世界现在惟一广大的市场,原料产地及资本输出地,实际上所谓太平洋问题即是中国问题,列强之竞欲向太平洋谋发展,或谋太平洋的霸权者,即是为中国的这一块肥沃的土地"③,中国成为争夺焦点将会给中国政治、经济、国防等带来空前危机,直接威胁到国家主权完整和民族生存。晚清以降签订的一系列不平等条约,使得中国海权丧失殆尽。到了民国时期,"门户洞开,外国舰轮任意游弋,靡特领海之内防务难周,主权丧失,即各地内江,亦已藩篱尽撤"④,外侮自海洋进入内江,如入无人之地,接着挟军力为后盾施行诸多霸权政策,使得中国多重权益损失严重,"我国江海主权之具有军事性的,为各国侵占,不能完整……其具有经济性政治性交通性的,依不平等条约,亦将丧失殆尽"⑤。因此,国际海权竞争的区域转移,会对中国的国防安全和海权维护带来严重危机,为了应对海权丧失殆尽的局面以及国际海权竞争带来的严重危机,中国迫切需要制定新的海权战略加以应对。

其次,海权战略目标的构想。民国时期,国人从军事、法权及

---

① 中国社科院近代史所:《孙中山全集》(第五卷),北京:中华书局,2006年版,第119页。

② 翁军、马骏杰:《民国时期外国海军论集》,济南:山东画报出版社,2015年版,第321页。

③ 马骏杰、张伟、陈美慧:《郭寿生海军研究文集》,济南:山东画报出版社,2017年版,第41页。

④ 高晓星:《陈绍宽文集》,北京:海潮出版社,1994年版,第282页。

⑤ 马骏杰、张伟、陈美慧:《郭寿生海军研究文集》,济南:山东画报出版社,2017年版,第74页。

经济等不同维度认识海权的内涵,海权战略目标即是在新的历史背景下,夯实海上力量、收复和捍卫海洋权利以及争取海洋利益,以实现维护和争取中国海洋权益之目的。一是通过海军建设以夯实海上力量。晚清政府与列强签订了一系列不平等条约以及海权丧失严重,其重要原因之一是军事上的失败。因此,重建一支强大的海军是废除不平等条约和维护海洋权益的保障。民国时期,帝国主义列强海权争霸激烈,在此过程中各列强能否获胜,主要决定各自军事力量的强弱,"力有余,则公开侵略,肆意兼并,力不足,则尽量扩充,待时而动……只知有'力',而不知有'理'"①。处于一个靠"力"而不靠"理"的国际环境,中国要想救亡图存,关键在于"能否建立一海权国家"②,也即建设一支强大的海军实现抵御外侮和维护海权之目的,这与西方霸权意义上的海洋权力有着本质的区别。二是要通过外交等手段废除不平等条约,收复和捍卫海洋权利。海权是国家主权的一部分,海洋权利丧失是主权丧失的重要表现。为了维护国家主权完整,民国必须尽力收复丧失的海港权、领港权、航路权等。三是通过各种途径争取海洋权益。这里的海洋权益特指由海洋权利产生的各种经济、政治、文化等利益。③古代中国对海洋利益的认知基本停留在"舟楫之便""渔盐之利"以及防御外敌入侵的天然屏障等方面。晚清以降,曾经作为防御屏障的海洋却变成了侵略通途,列强踏海而来促使了国人海洋观念的变化,海洋防御功能弱化而经济价值逐渐凸显。与此同时,国人的海洋经略意识开始觉醒,在海洋运输业、海洋渔业、沿海垦

① 翁军、马骏杰:《民国时期外国海军论集》,济南:山东画报出版社,2015 年版,第 307 页。

② 杨国宇:《近代中国海军》,北京:海潮出版社,1994 年,第 913 页。

③ 张文木:《论中国海权》,北京:海洋出版社,2010 年版,第 7 页。

牧等方面取得了一定的发展。到了民国时期，国人深刻认识到发展海洋经济与巩固国防、国家富强之间的辩证关系。以发展海运业为例，"发展海运，既足以充实经济，复能够助长国防。海运进展就富强，反之就贫弱"①，而国家的富强又为海运业的发展提供军事保障，二者相互促进。发展海洋经济也是提升与列强争夺海洋权益能力的重要手段。列强在中国的侵渔、垄断海上贸易、开采南海诸岛矿产等行为严重侵夺了中国海洋权益，这些都与中国的海洋经略意识淡薄和开发利用海洋能力不足有关，为了"阻塞这利权外溢的漏卮"，必须大力发展远洋航运业、海洋渔业，不断提升争取海洋权益的能力，从而减少列强对中国海洋权益的侵夺。总之，民国海权战略目标是世界海权争霸背景下中国应对海权危机的历史产物，相对于晚清而言，其目标更加明确，实现路径更加清晰，尽管由于受到主客观因素的制约，目标最终未能全部实现，但毕竟为民国海军建设、海洋权利维护及海洋利益诉求等方面指明了方向。

## 二、日本海权战略目标

近代日本海权战略也经历了一个复杂的嬗变历程。日本海防理论的先驱者林子平在《海国兵谈》一书中指出，海国是无邻国接壤、四面环海的国家，相较于陆地国家既易遭外敌入侵也易于御敌，关键在于能否拥有与海国相称的武备。这一海防理论因与当时幕府闭关锁国战略相违背而被禁锢。②中国在鸦片战争中受挫

---

① 翁军、马骏杰：《民国时期中国海军论集》，济南：山东画报出版社，2014年版，第55页。

② ［日］外山三郎：《日本海军史》，龚建国等译，北京：解放军出版社，1988年版，第1页。

以及日本自 1854 年《日美亲善条约》后一系列丧权辱国条约的签订,促使了日本海洋意识的觉醒,激励日本走向"明治维新"和海军建设之路。日本在中日甲午战争和日俄战争中的获胜,不仅获得了足够的经济利益,而且使其顺利实现了既定的地缘战略目标——控制中国东北和朝鲜,为进一步实施北进"大陆政策"并向南拓进奠定了基础。在马汉海权理论的影响下以及海洋扩张带来巨大利益的诱惑下,日本确立了"未来决定于海洋"的国家战略,"日本及世界的未来取决于海洋,海洋的关键是制海权,制海权的关键在于海军的强大。海军战略的关键是通过舰队决战击溃敌人"①。尽管确立了海洋在国家发展中的重要地位,但是日本并未采取"海主陆从"之战略,而是实施了"陆主海从"战略,也即"陆军的北进大陆战略和海军的南进海洋战略之间进行的一场拉锯战,前者以征服满洲为中心,后者为了控制尤其是荷属东印度群岛的矿产资源以及整个东南亚的财富"②,"因为日本首要还是在东南亚的贸易,要取得东南亚的物资"③。这一时期日本采取"陆主海从战略"的原因有三:一是海军扩张计划与陆军"大陆政策"冲突,陆军变得更加强硬。日本通过第一次世界大战在远东和太平洋地区获得殖民地使得"大陆扩张"野心受到刺激。二是 1921 年的"华盛顿裁军会议"和 1927 年的"伦敦裁军会议"限制了日本海军的扩张。④其

---

① 廖幸谬、杨耀源:《大国海权兴衰启示录》,北京:人民出版社,2014 年版,第 142 页。

② [美]乔治·贝尔:《美国海权百年 1890—1990 年的美国海军》,吴征宇译,北京:人民出版社,2014 年版,第 189 页。

③ 李振广:《民国外交:亲历者口述实录》,北京:中国大百科全书出版社,2016 年版,第 207 页。

④ 廖幸谬、杨耀源:《大国海权兴衰启示录》,北京:人民出版社,2014 年版,第 142—144 页。

中华盛顿海军裁军条约内容如下表所示。①

| 舰种 \ 限制项目 \ 国名 | 日本 | 美国 | 英国 | 法国 | 意大利 |
|---|---|---|---|---|---|
| 主力舰 · 总吨数 | 315 000 | 525 000 | 525 000 | 175 000 | 175 000 |
| 主力舰 · 单舰标准排水量 | 35 000 吨以下 | | | | |
| 主力舰 · 舰炮 | 16 英寸以下 | | | | |
| 其他舰只 · 总吨位数 | 不限制 | | | | |
| 其他舰只 · 单舰标准排水量 | 10 000 吨以下 | | | | |
| 其他舰只 · 舰炮 | 8 英寸以下 | | | | |
| 防务限制 | 日英美三国在下述各自领土及属地内,对其要塞及基地设施,维持本条约签署时的状况。<br>(1)包括菲律宾、关岛、萨摩亚、阿留申群岛等美国在太平洋地区已占有或将来可能占有的岛屿,但不包括阿拉斯加和巴拿马运河地区。<br>(2)香港及英帝国在东经 110 度以东太平洋地区占有或将来可能占有的岛屿,但不包括加拿大附近的岛屿和大洋洲及其所属岛屿,以及新西兰等地。<br>(3)包括千岛群岛、小笠原群岛、奄美大岛、琉球群岛、台湾和澎湖列岛,以及日本将来可能占有的岛屿。 | | | | |
| 附则 | 本条约有效期到 1936 年 12 月 31 日止。但若没有哪个国家在条约期满前两年以前向美国政府通告废止条约的话,不管哪个缔约国通告废除条约,条约从通告之日起两年内继续有效。从任何一个缔约国通告废约生效之日算起一年内,全体缔约国需举行会议。 | | | | |

伦敦裁军会议最终方案如下表所示。②

---

① 〔日〕外山三郎:《日本海军史》,龚建国等译,北京:解放军出版社,1988 年版,第 86 页。

② 〔日〕外山三郎:《日本海军史》,龚建国等译,北京:解放军出版社,1988 年版,第 89 页。

| 舰　种 | 日　本 | 美　国 | 百分比 |
|---|---|---|---|
| 大型巡洋舰 | 108 400 吨 | 180 000 吨 | 60.22% |
| 轻巡洋舰 | 100 450 吨 | 143 500 吨 | 70.00% |
| 驱逐舰 | 105 500 吨 | 150 000 吨 | 70.33% |
| 潜　艇 | 52 700 吨 | 52 700 吨 | 100.00% |
| 共　计 | 367 050 吨 | 526 200 吨 | 69.75% |

三是重新确立了对华政策,加快侵略中国的步伐。日本企图通过征服满蒙而征服中国,利用中国资源去征服印度和南洋群岛,并进而征服中小亚细亚以及欧洲,[①]"日本要的是对中国北部和东南亚实行帝国统治"[②]。到了第二次世界大战,日本受到海洋战略扩张影响,引发了太平洋战争,日本战败标志其海权扩张战略的失败。

总而言之,20世纪上半叶的日本海权战略目标是在"陆主海从"战略框架下,试图通过与英、美等国竞争太平洋的控制权,辅助其大陆扩张战略。太平洋战争的失败让日本认识到作为海洋国家,日本不能走大陆国家的发展路线,随后的"吉田路线"进一步明确了日本作为海洋国家的身份,在美日同盟的框架下日本逐步实施了海陆兼备的国家战略。[③]由此不难看出,近代日本海权战略目标经历了"以海为主""陆主海从""海陆兼备"的嬗变历程。日本海权战略是作为国家战略的重要组成部分,其战略目标则根据国家整体战略目标的变化而进行不断调整,给日本乃至给他国都带来了深远影响。

---

① 廖幸谬、杨耀源:《大国海权兴衰启示录》,北京:人民出版社,2014年版,第146页。

② [美]乔治·贝尔:《美国海权百年1890—1990年的美国海军》,吴征宇译,北京:人民出版社,2014年版,第187页。

③ 高兰:"日本海洋战略的发展及其国际影响",《外交评论》,2012年第6期。

### 三、中日海权战略目标比较

通过对民国时期中日两国的海权战略目标梳理,可以看出二者差异至少表现在以下三个方面:一是两国海权战略目标的根本性质不同。中国的海权战略目标是在面对海权危机背景下为了实现维护国防安全和捍卫海洋权益之目的,属于自我防御性质,不具有侵略性。日本海权战略目标是服务其国家扩张战略,是其国家扩张战略目标的组成部分,属于侵略性的。二是两国海军实力的差异影响了海权战略目标的制定和实现。民国海军实力相对而言仍然较为薄弱,这也决定其海权战略目标的实现缺乏强大的海上力量支撑,战略目标实现过程因此也将会面临诸多困难。而日本海军的实力到了 20 世纪初则仅次于英、美,这为其实现海权扩张战略之目标提供了坚实的军事基础。三是国际海权竞争之外部环境对中日两国海权战略目标产生不同的影响。国际海权竞争给中国的民族生存、国家主权完整、海权维护造成严重危机,因此给民国海权战略目标的实现带来诸多消极影响。列强在太平洋的海权竞争刺激了日本参与海权争霸的决心,成为其海权扩张的外在动力,其对日本的影响则是积极的。总之,由于中日两国国家战略、海军实力、经济状况、国内环境等方面存在的差异,决定了中日海权战略目标的不同,最终使得两国走上了不同的海权发展道路。

## 第二节　中日海权战略力量比较

### 一、中国海军建设成效

海权战略力量的核心是海军。为了应对国际海权竞争给中国带来的国防安全危机以及更好地维护海权,民国重新审视海军建设的必要性和迫切性,在新的战略指导下建设新海军,并且取得了一定的成效。

首先,关于新海军建设必要性的认知。一是筑牢国防安全需要海军。民国时期,海防废弛,军舰凋零,海岸要塞亦破败陈旧,"为自卫起见,亦不得不从事海防建设,以维护民族之生存,领土之完整"①。建设海军的主要目的用于海防,表明了对海军主要作用的认知而言,民国并未超出晚清。重建海军的必要性并非得到普遍认可,部分人士忽视了海军在中国国防上的重要性或竟忘却了中国海军的存在,②即使日本海军在侵华战争中带来的教训也未能让国人领悟到海军与国防的密切关系,认知影响实践,"因为不注意海防,所以没有人去促进建设海军"③。二是维护海洋权利需要海军。民国时期,随着西方海权论进一步在中国传播以及国家主权意识的觉醒,国人的海权意识空前提升,认识到列强对中国海权的侵占比侵削陆地的后果更严重,而收复海权则必需有强大的海军作后盾,"领海内之各种权利,亦皆横受外人之剥夺。非有相当力量,以拥护我应有之海权不可"④。收复丧失的海权固然需要海军支持,捍卫海权以免遭他国再次侵夺更需要海军,"纵使能顺利的收回,则收回之后,关于海关的巡弋与缉私,也不能不依靠着海军的力量"⑤。三是争取海洋利益需要海军。争取国家海洋利益既有助于巩固国防又能减少列强对我国海洋利益的侵夺。海洋

---

① 胡宗谦:"国防破碎中之中国海防与海军建设问题",《前途》,1935 年第 8 期。
② 刘纯巽:"中国海军在抗战时期中之主要任务",《海军整建月刊》,1940 年第 3 期。
③ 郭寿生:"抗战中对于敌国海军应有的认识",《整建月刊》,1940 年第 1 期。
④ 高晓星:《陈绍宽文集》,北京:海潮出版社,1994 年版,第 170 页。
⑤ 易克秉:"海军在中国国防上的重要性",《海军建设月刊》,1941 年第 2 期。

利益的争取是促进经济发展途径之一,有了经济基础方可建立强大的海军巩固国防,只有国防巩固方能保护经济发展,"经济和国防,实相需相成"①。鸦片战争以降,中国逐渐成为列强的公共市场,每年的入超已严重威胁到民族经济的发展,为了阻塞这利权外溢的漏卮,需竭力开发国内的富源、振兴工业、发展商业及海运业。②近代中国海洋利益屡遭列强侵夺,海洋经济发展也是举步维艰,这与中国缺乏强大海军加以保护不无关系。与陆、空军只是耗费资源不同,海军还能通过保护鱼盐、水利、通商、海外侨民以促进国家利益增长。可见,海军强弱影响到国家经济。③

　　其次,民国海军建设成效。一是加强海军装备建设。北京临时政府的海军部成立之际,中国海军的舰艇数量和质量在世界海军排名第 16 位。④北洋政府时期还是新添了一些舰船,包括晚清从国外订购的炮舰、国内江南造船所等制造的炮艇以及作为第一次世界大战战利品扣押的德国炮舰等。从民国成立到抗日战争爆发前,旧有和新增的各类舰艇合计 66 艘,总排水量约 5.903 4 万吨。⑤抗战结束时,民国海军仅剩余 15 艘,总吨位约 7 000 余吨,海军官兵只有 1.1 万余人。⑥加上接收日伪投降舰船及英美舰船,到1948 年编入战斗序列的舰船为 275 艘,19 余万吨,官兵约 4 万人。⑦二是加快新型海军人才的培养。与晚清相似,民国时期也采用了国内培养和选派留学生出国留学两种途径培养海军人才,并

①　李一萍:"明日的中国海军",《先导》,1933 年第 8 期。
②　廖宗刚:"海军与国防及商业之关系",《海军整建月刊》,1940 年第 3 期。
③　李世甲:"对周亚卫先生'中国的国防'之商榷",《整建月刊》,1940 年第 2 期。
④　杨志本:《中华民国海军史料》,北京:海洋出版社,1987 年版,第 145—146 页。
⑤　陈书麟、陈贞寿:《中华民国海军通史》,北京:海潮出版社,1993 年版,第 383 页。
⑥　苏小东:《中国海军抗日战史》,北京:人民出版社,2017 年版,第 499 页。
⑦　陈书麟、陈贞寿:《中华民国海军通史》,北京:海潮出版社,1993 年版,第 474 页。

且把培养飞行、潜艇方面的新型专业人才作为培养目标。三是改革海军建制以提升海军管理水平。从北洋政府时期海军建制的由合到分到国民政府时期海军建制的由分到合,海军的领导权最终归于统一。同时,借鉴西方国家的海军制度模式,使得民国海军军制相对晚清而言更加完善,海军的管理水平也有所提升。然而,由于局势动乱、财政匮乏、观念守旧等因素制约,民国海军实力与英、美、日等国的海军实力相比还有很大差距,抗战时期的民国海军实力不及日本海军的二十五分之一。[①]

## 二、日本海军建设成效

尽管日本国际上受到美、英等国的制约,国内受到财政、资源、工业生产能力等限制,日本最终还是建成了一支仅次于美、英的海军力量。

首先,日本关于海军建设重要性认知。日俄战争的胜利为海军在日本公众心目中崛起为一个更重要的军事机构打下了坚实基础,海军成为一个强大的军事行为体,各种海军宣传活动推动了海军至上主义理念和海权意识在日本的普及和发展。[②]海军发展离不开雄厚的经济实力和工业基础,就此而言,日本的海军发展也受到诸多客观环境的制约。第一次世界大战暴露了日本工业能力薄弱及自然资源短缺的弱点,使得日本有识之士认识到海军无法一直保持无限制扩军的步伐。[③]一战后日、英、美三国展开了造舰竞

---

① 高晓星:《陈绍宽文集》,北京:海潮出版社,1994 年版,第 305 页。

② 〔美〕约翰·查尔斯·史乐文:《"兴风作浪"政治、宣传与日本帝国海军的崛起(1868—1922)》,刘旭东译,北京:人民出版社,2016 年版,第 155 页。

③ 〔美〕约翰·查尔斯·史乐文:《"兴风作浪"政治、宣传与日本帝国海军的崛起(1868—1922)》,刘旭东译,北京:人民出版社,2016 年版,第 248—249 页。

赛,日本1921年的海军预算占国家岁出32%,这样下去势必导致财政危机,使得日本认识到裁军的必要性。在此背景下,日本参加了华盛顿和伦敦裁军会议,但日本同时认为两次裁军会议是由美英两国策划的,目的是实现美英称霸世界,同时扼杀日本的崛起。①因此,为了维护国家安全以及能与美、英在太平洋争霸,日本不可放弃进一步夯实海上力量的步伐。

其次,日本海军建设成效。为了阻止假想敌在远东发动战争,日本于1907年4月制定的帝国国防方针提出需要拥有一支由8艘战列舰和8艘装甲巡洋舰组成的"八八舰队",1920年底通过完整的预算并于1927年建设完成。1922年华盛顿裁军会议上签订了《五国海军条约》,规定了美、英、日、法、意海军军舰数量比为5∶5∶3∶1.75∶1.75。1936年日本在第三次修改帝国国防方针时,编成了由12艘战列舰、10艘航空母舰、28艘巡洋舰、6个驱逐舰战队、7个潜艇战队组成的远洋作战部队,进入无裁军条约时代的舰队编制。当时日英美三国舰艇吨位分别约为70万吨、100万吨、80万吨。日本在1937年的第三次造舰补充计划中计划建造4艘巨型战列舰,1940年8月,"零"式战斗机首次在中国参战。1941年底拥有潜艇65艘,超过了伦敦裁军会议时日本提出的潜艇量。取消军备限制后,为了对付美国扩军计划,日本海军制定了"〇五计划"和"〇六计划",建造了90艘大型潜艇。②日本海军力量在太平洋战争爆发前仅次于英美,位居世界第三位,其中日本和

---

① 〔日〕外山三郎:《日本海军史》,龚建国等译,北京:解放军出版社,1988年版,第83—91页。

② 〔日〕外山三郎:《日本海军史》,龚建国等译,北京:解放军出版社,1988年版,第76—105页。

美国的海军实力对比如下:[①]

| 舰　种 | 日　本 | 美　国 | 日/美比率 |
|---|---|---|---|
| 战列舰 | 10 艘,301 400 吨 | 17 艘,534 300 吨 | 56% |
| 航空母舰 | 10 艘,153 000 吨 | 8 艘,162 600 吨 | 94% |
| 重巡洋舰 | 18 艘,158 800 吨 | 18 艘,171 200 吨 | 93% |
| 轻巡洋舰 | 20 艘,98 900 吨 | 19 艘,167 800 吨 | 62% |
| 驱逐舰 | 113 艘,175 900 吨 | 172 艘,209 500 吨 | 69% |
| 潜　艇 | 65 艘,97 900 吨 | 111 艘,116 600 吨 | 84% |
| 合　计 | 236 艘,985 900 吨 | 345 艘,1 362 000 吨 | 72.5% |

### 三、中日海军建设比较

　　海上力量是拥有海洋权力和维护海洋权利的重要基础。民国时期,日本为了获取海洋权力以促进战略扩张,中国为了维护国防安全和海洋权利,两国皆加强了海军建设。两国海军建设目标及其面临的国内外环境不同,使得两国的海军建设成效至少存在三方面的差异:第一,两国对海军建设重视程度存在差异。就中国而言,无论是北洋政府还是南京政府的最高领导层都未把海军建设真正纳入国家战略层次加以重视,民众对海军重要性更是缺乏基本的认识。由于从上至下都未能对海军建设给予足够的重视和支持,因此也就无法集全国之力建设海军。而日本从最高领导层到民众,在海军建设方面达成了共识,基本做到集全国之力建设海军。第二,两国海军建设的制约因素存在差异。民国海军建设受

　　① ［日］外山三郎:《日本海军史》,龚建国等译,北京:解放军出版社,1988 年版,第 131 页。

到时局动荡、财政匮乏、工业生产能力低下、资源未能开发等因素制约，严重影响了海军的发展。日本尽管也面临资源匮乏和工业生产能力不足等问题，但其从甲午战争、日俄战争以及第一次世界大战的胜利中积累的资本，为海军建设奠定了较为扎实的经济基础。第三，两国海军建设的内在动力不同。尽管海军的功能是多样的，但对于近代中国而言，海军建设的根本动力是为了巩固国防安全和捍卫海洋权利。尽管如此，由于北洋政府时期的军阀混战与蒋介石提出的"攘外必先安内"政策根本上无需海军，这些因素导致了海军建设缺乏持续性的内在动力。日本为了与美、英争夺太平洋霸权并服务其国家整体扩张战略而建设海军，获取利益成为日本海军发展的强大动力，使得海军建设保持了持续性。总之，中日海军建设存在主客观因素的差异，最后导致了中日海军建设成效不一。海军建设总归要符合具体国情和国家发展战略，在不同的时代背景需要正确定位海军建设的目标和规模，就此而言，中日海军建设成效的比较，对于今天中国海军建设依然有着十分重要的启示意义。

## 第三节　中日海权战略措施比较

### 一、中国海权战略措施

海权战略措施是对海权战略目标的具体实现，民国海权战略目标是对国防安全和海洋权益的捍卫，因此其措施主要包括收复、捍卫海洋权利及获取海洋利益等方面。

首先，收复和捍卫海洋权利。民国在被动地卷入国际体系之际，主动地利用各种国际规则收复和捍卫海洋权利。一是划定海

界。民国时期，列强经常违背公法规定侵夺中国海权，其部分原因
在于中国公海、私海、岛屿周围的界线未有明确划定界线。①海界
委员会决议中国海界从沿海凸凹处再推自身照潮落地点外推三海
里为界，渔界同此界线。②划定海界为维护海洋权利奠定了法律依
据。二是收复海洋权利。鸦片战争以降，通过不平等条约签订，中
国海港权、引水权、内河航行权等海洋权利逐步被列强侵占。从北
方的海参崴到南方的香港、澳门，中国诸多具有重要战略地位的海
港被列强侵占，尽快收复海港权成为共识。为了收回"为国权所
关，亦为军事所系"③引水权，国人进行了艰苦的斗争，从 1934 年
到 1937 年海员与一部分航商的请愿、抗议、罢工就有 30 多
次。④直至抗日战争胜利后，随着引水法规、管理制度以及引水人
队伍的建立，才逐步收回引水权。中国内河航行权的丧失始于第
二次鸦片战争前的长江对外开放，到了甲午中日战争后，列强又攫
取了珠江等河流等航行权。民国为内河航行权的收复做出了努
力，但收效甚微，直到新中国成立后才彻底收回了沿海和内河航行
权。三是收复"在资源及战略意义上仅次于中国大陆"⑤的南海诸
岛。日本战败后于 1945 年 8 月 26 日全部退出南海诸岛。国民政
府于 1946 年 7 月将南海诸岛改归广东政府管辖，随后在各岛立碑
纪念，对东沙、西沙、中沙、南沙群岛及各岛、礁、沙、滩名称进行重
新命定，海军开始进驻各群岛。⑥四是捍卫海洋权益。面对日本的

---

① 杨志本：《中华民国海军史料》，北京：海洋出版社，1987 年版，第 433 页。
② 陆烨："海界委员会与民初海权意识"，《史林》，2014 年第 6 期。
③ 高晓星编：《陈绍宽文集》，北京：海潮出版社，1994 年版，第 52 页。
④ 任唯铿："帝国主义劫夺我国引水权的始末"，《学术月刊》，1961 年第 9 期。
⑤ 翁军、马骏杰：《民国时期中国海军论集》，济南：山东画报出版社，2014 年版，
第 563 页。
⑥ 陈书麟、陈贞寿：《中华民国海军通史》，北京：海潮出版社，1993 年版，第 468 页。

侵渔,民国政府通过派炮舰驱逐以及外交等手段维护渔权。1931年,财政部长孔祥熙提案国府会议取缔日轮侵渔办法,公布领海界线及海关缉私界线,通过豁免渔税减轻本国渔民负担,外籍百吨以下小轮进口捕鱼则按规定纳税。然而,迫于日本强硬交涉,该办法暂缓实行,未能从根本上解决日本对中国渔业权的侵犯。①中国渔权危机的根本原因是缺乏强大海军保护,面对列强的强大海军为后盾,而我国渔民则赤手空拳相对。②

　　其次,发展海洋经济以争取海洋权益。一方面,发展海洋运输业。民国时期中国海外贸易几乎被外国船只垄断,海洋权益遭受严重侵犯。按照国际法规定,一国沿海岸和内河航运只有本国船只可以通行,所以外国船只在中国港口和内河之间航运完全是缔约列强强加给中国的。③为了与列强在华航运业竞争,民国着力发展海运业,具体举措包括:一是制定制度和建立机构以加强管理。民国颁布了诸多保护和鼓励工商业发展的法令并成立了航政局,确保了海运业发展的规范性和有序性。二是增加商船和航线数量。北洋政府时期,万吨级的轮船实现了零的突破,轮船数量和远洋航线也急剧增长。截至1924年,42个远洋航运企业拥有轮船73艘,总吨数达到131 107吨。国民政府时期,中国轮船数量和海运公司继续增加,到1936年为止,拥有万吨以上轮船的公司14个,拥有5 000吨以上轮船的公司有27个。三是开办吴淞商船学校等航运学校培养海运业人才,到1936年已有4 039人获得中级

---

　　① 李士豪、屈若搴:《中国渔业史》,郑州:河南人民出版社,2018年版,第198—209页。

　　② 翁军、马骏杰:《民国时期中国海军论集》,济南:山东画报出版社,2014年版,第494页。

　　③ [美]费正清、刘广京:《剑桥中国晚清史》(上卷),杨品泉等译,北京:中国社会科学出版社,1994年版,第195页。

或高级船员证书。①四是华侨参与创办的远洋航运公司增多。另一方面,发展海洋渔业。为了发展海洋渔业以争取海洋权益,民国政府采取了以下措施:一是设立渔业管理机构和颁布渔业法规。民国初年,农林部设立渔业局管理渔政。在农林部合并至农商部后,设渔牧司管理渔政。1929 年国民政府颁布了渔业法及渔会法。1934 年下令豁免渔税以刺激渔业发展。②二是开展渔业实验与调查。创办了山东省立水产实验场等多个研究场所。设置海洋调查所负责海洋渔业调查,调查所设置海洋部、水产生物部及编辑调查部。③三是加强水产人才培养。创办江苏省立水产学校等多所学校,为渔业发展培养了诸多人才。经过努力,民国海洋渔业有了较大发展,为争取海洋权益做出贡献。

## 二、日本海权战略措施

民国时期的日本海权战略是其国家扩张战略的一部分,因此其海权战略措施是完成其国家扩张目的的重要手段,其海权战略措施对中国的国防安全和海权维护产生了重大影响。

首先,海军成为侵略战争的工具。从"九一八事变""一二八事变"到"七七事变",日本海军都发挥了协同作战的作用,其参战形式包括航空作战、封锁作战及配合陆军作战等。在航空作战方面,日本海军在第一次世界大战配合陆军出兵青岛轰炸德军,1920 年

---

① 张诗雨:"晚清以来我国海运事业的腐败与发展",《中国发展观察》,2016 年第9 期。

② 李士豪、屈若搴:《中国渔业史》,郑州:河南人民出版社,2018 年版,第 17—30 页。

③ 李士豪、屈若搴:《中国渔业史》,郑州:河南人民出版社,2018 年版,第 101—106 页。

至 1930 年还先后攻击过湘军、川军、工农红军。"九一八事变"爆发后，日本海军派遣航空母舰"能登吕"前往青岛，出动舰载机配合关东军作战。"一二八事变"中，日本航空母舰"能登吕"开到上海，第一航空战队的"加贺"号和"凤翔"号也驶入扬子江，协同陆军进行作战。"七七事变"爆发后，日本第一联合航空队开始轰炸上海、南京、南昌等城市，攻占南京后，第二联合航空队与第一联合航空队组成了联合空袭部队发动新的攻势。封锁作战方面，为了切断外国给中国的物资补给，在整个中国沿海开展破坏海上交通线的战斗，采取建立封锁部队基地、占领中国主要补给港口、禁止船舶出入特定港口等措施。日本封锁我国海岸完全是违法的，"不过是东方海盗的一种暴行而已"[1]。配合陆军作战方面，相继进行了上海相持战、长江溯江作战以及厦门、汕头、南澳岛、海南岛作战等。直到太平洋战争爆发，日海军在中国作战才降为次要地位。[2]总之，日本海军在侵华战争中发挥了重要作用，"是侵华的先锋，也是陆军的协助者、空军的掩护者。没有强大的海军，就展现不出空军远征的威力。日本帝国主义利用海上通道，向中国大肆侵略，就是利用中国海军不强大、海防不巩固，企图乘机征服中国，进而征服全世界"[3]。

其次，扩张海运业和远洋渔业。日本在明治维新期间就出台了相关法律法规支持海运业的发展，使得海运业作为独立的运输部门得到迅速发展。三菱会社在政府的扶持下一度成为日本最大

---

① 马骏杰、张伟、陈美慧：《郭寿生海军研究文集》，济南：山东画报出版社，2017年版，第 290 页。

② ［日］外山三郎：《日本海军史》，龚建国等译，北京：解放军出版社，1988 年版，第 108—113 页。

③ 赵书刚、林志军："抗战时期中国的海权意识研究"，《贵州社会科学》，2016 年第 7 期。

航运公司。三菱会社与共同运输会社于 1885 年合并为日本邮船会社,成为日本对外侵略扩张的工具。接着日本又成立了日清汽船株式会社、东亚海运株式会社等"国策会社"。在侵华战争时期,日本把轮船航运业视为重要的侵略工具,并颁布了包括"海运统制令""海运事业法"等一系列战时海运法令以建立战时海运体制,其目标就是控制中国乃至从东北亚到东南亚的交通运输,以服务其"大东亚共荣圈"之国策。日本对海权的追求成就了海运事业,海运公司沦为日本"战时商船队",又助推了日本对海权的掌控,使得国家发展海权与公司发展海运成为了利益共同体。[①]日本渔业在近代以前集中在近岸海域作业,近代以降,随着渔船装备技术的提升,日本渔业从近岸扩充到近海乃至远洋,侵夺了包括俄国、朝鲜、中国及东南亚等国家的渔业资源,其侵渔行为"除了地理的及经济的以外,尚有其政治势力的策动"[②]。日本侵夺中国渔业资源既是其经济侵略中国的组成部分,也是其侵犯中国海权的具体表现。[③]

### 三、中日海权战略措施比较

海权战略措施是实现海权战略目标的具体手段。中日海权战略目标的不同决定其所采取的措施各异。其具体差异表现如下:一是二者性质不同。中国的海权战略举措主要以收复捍卫海洋权利和争取合法的海洋权益为主,不具有侵略性,而日本的海权战略措施主要以侵略扩张为主,是为其国家扩张战略服务的,具有侵略性。

---

① 姜春洁:"三菱海运的崛起与近代日本的海外扩张及海权意识",《社会科学》,2019 年第 8 期。
② 李士豪、屈若搴:《中国渔业史》,郑州:河南人民出版社,2018 年版,第 199 页。
③ 王国华、张晓刚:"近代日本远洋渔业扩张与侵害中国海权的历史考察",《日本研究》,2019 年第 4 期。

二是海军建设和海洋经济发展的目的不同。中国建设海军以维护国防安全和海洋权利为目的,发展海洋渔业和海洋运输业也是为了争取正当的海洋利益。而日本的海军乃至商船及渔轮皆沦为侵略他国的重要工具,其目的则是为了实现掠夺他国利益。三是海权战略措施所达到的成效存在差异。中国由于缺乏强大的海军支撑,在收复和捍卫海权时面临重重困难,在海洋利益争取方面并未取得较大发展,加上海权战略措施的实施过程中受到诸多因素的制约,总体来看,收效不大。因此,民国海权战略目标并未完全实现。日本把海洋战略上升到国家战略层次加以对待,凭借其强大的海军力量作支撑,掌握了西太平洋的控制权,远洋渔业和远洋运输业也获得较大突破,为其海军发展奠定了经济基础。日本的海权战略举措的顺利实施,确保其海权战略目标的实现。总之,由于中日两国海权战略目标、各自所面对的国内外环境以及海军实力等方面的差异,决定各自采取的海权战略措施各异,其成效也具有明显的区别。

## 第四节　中日海权战略的影响因素比较

### 一、政治因素影响之比较

政治因素通常包括政局因素和政策因素等方面,在对海权战略影响的诸多因素中,政治因素的影响最为关键。晚清时期的中日海权战略就受到各自政治因素的影响,甲午战争的失败与晚清的政治腐朽不无关系,晚清政府"很腐败,无论是控制自己的人民,还是抵抗外国的侵略,一概无能为力"①。到了民国时期,政治因

① 《马克思恩格斯论中国》,北京:人民出版社,2015年版,第88页。

素依然是影响中日海权战略制定和实施的重要因素。

　　首先,中国海权战略受到政治因素影响之表现。一是国内政治动荡制约了国人对海权的认知和实践。民国时期的战争不断带来的局势动荡使得政府难以投入大量的财力、人力、物力用于海权的维护和发展。局势动荡同时制约了有关海权的宣传,民众对海权的认知依然十分有限。二是国内战争使得海军建设缺乏内在动力。内战多以陆战为主,海军仅仅作为战争的辅助力量,无论是北洋政府还是国民政府都无需借助发展海军来增强军事战斗力,因此也就不可能像晚清建设北洋海军那样投入巨大财力和人力来建设海军,致使海军建设缺乏内在动力。三是政治分裂制约了海军现代化进程。海军分属不同派系,使得海军发展缺乏统一规划和管理。东北系、闽系、粤系等各系海军"挟省界的私见,门户各立,所以从未统一指挥"①,"自来皆一党一系所把持,非全国人众志成城之海军"②。海军的分裂使得建设无法上升到国家战略层次加以规划和管理,无法整合全国的人才、资金、技术以制造和研制新型武器和舰船,致使海军失去了走向现代化所必需的条件。四是在海洋权益争取方面,政府尽管对航运业和海洋渔业的发展给予了一定的关注,但是从未上升到国家战略层面加以对待,在具体实施方面缺乏有力支持,海洋经略的成效甚微,进而制约了海洋权益争取能力的提升。

　　其次,日本海权战略受到政治因素影响之表现。在海军建设方面,海军领导层通过争取政治支持而获取建设资金。日本海军

---

　　① 翁军、马骏杰:《民国时期中国海军论集》,济南:山东画报出版社,2014年版,第79页。
　　② 翁军、马骏杰:《民国时期中国海军论集》,济南:山东画报出版社,2014年版,第50页。

能以多快的速度、多高的效率以及在多大程度上成长为一支强大的军事力量和民族主义的象征,主要取决于它的政治参与度和由此获得的资金额。购买或建造军舰、训练海员以及进行海战都需要资金,但只有掌握了必要的政治之道才能确保资金"流向"海军。在明治—大正时期,日本的海军上将们成功说服了自己的同僚、党派政治家以及民众支持海军扩张。在海军所获得的所有政治盟友中,政友会给海军提供了最长久的支持。为了与民众合作并获得他们的支持,海军人士进行了广泛的宣传和形象的展示,海军领袖们不仅成功地宣传了海军还成为了民族主义的重要传播者。①在航运业和远洋渔业的扩张方面,政府同样进行了深度干预,在资金和制度上给予了保障,整合了商船和渔轮的力量充当侵略的工具,为海洋经济的发展奠定了坚实基础。

再次,中日海权战略受到政治因素影响之比较。一是从海权维护和发展的国内政治环境而言,民国除了需要应付外敌入侵外,还要面对国内战争不断和政治分裂的严重局面,难以给海权维护和发展提供宽松的国内政治环境,更是无法保障海权战略实施的统一性与可持续性。而同时期的日本则国内政治环境相对稳定,尽管陆军与海军为争夺资金支持彼此间龃龉不断,但总体而言其海权扩张战略得到上到高层下到民众的全力支持,确保其海权战略实施的统一性与可持续性。二是从海权战略对于国家发展需要来看,民国时期各届政府的最高领导层并未把海权发展视为首当其冲的重要任务,因此未能给予海权发展足够的关注和支持,致使海军建设步伐缓慢,海洋经济发展成效不足。而日本海权战略是

①　[美]约翰·查尔斯·史乐文:《"兴风作浪"政治、宣传与日本帝国海军的崛起(1868—1922)》,刘旭东译,北京:人民出版社,2016年版,第254—256页。

其国家扩张战略的组成部分,因而获得国家强有力的支持。总之,一国的政治状况对海权战略的影响是至关重要的,稳定国内外的政治环境,最高领导层的重视乃至普通民众的支持等都是海权战略目标得以顺利实现的必要条件。政治因素决定了其他因素对海权战略的影响。

## 二、经济因素影响之比较

海权战略的实施离不开强大经济作为支撑,民国时期中日两国的经济状况的差异无疑会对各自海权战略产生重要影响。

首先,中国海权战略受到经济因素影响之表现。民国时期由于战争不断,消耗了大量的财力、物力和人力,生产力也遭到破坏。南京临时政府时期财政拮据到靠借债度日,南北统一后依然库空如洗。[①]北洋政府时期,财政可谓捉襟见肘,度日如年,在政府支出中,军费高居首位,财政预算中的军费开支平均为预算数的 39%。[②]南京政府成立后,其财政支出主要用于军费,并且债台高筑。抗日战争爆发后,国民政府的财政支出由于军政开支居高不下,导致赤字情况渐趋严重。因此,从客观原因来看,财政拮据限制了海军建设的经费投入,"一切国家财力,都消耗于内战,海军经费几至不能维持……但以国家财政竭蹶,对于海军建设,不能达到目的"[③]。就中国与他国的海军经费投入比较而言,各强国的海军建设每年所用经费恒占全国岁收百分之三十左右,而中国海军

---

① 李新:《中华民国史》第二卷(上),北京:中华书局,2011 年版,第 391 页。

② 李新:《中华民国史》第四卷,北京:中华书局,2011 年版,第 516—517 页。

③ 翁军、马骏杰:《民国时期中国海军论集》,济南:山东画报出版社,2014 年版,第 323 页。

经费每月尚不及全国岁收千分之一二，①仅占军费全数百分之一左右，甚至"较之土耳其、阿根廷、希腊诸小邦，尚属有逊"②。海军建设经费投入的有限，既有客观上财政紧张的原因，也存在主观上对海军不重视的原因，民国时期由于政府对海军重视程度要弱于空军和陆军，因此在经费投入上也就相对较少。海军部长陈绍宽在海军部成立四周年纪念会上指出，空军每月经费一百万，陆军每月经费两千万，而海军每月经费不过四十万，因为海军限于经费而不能充分建设，实力才如此薄弱。③总之，主客观双重因素影响到海军建设经费投入，制约了海军发展，而缺乏强大的海军支撑，海权战略实施将会陷入困境。

其次，日本海权战略受到经济因素影响之表现。日本利用从甲午中日战争和日俄战争胜利中所获资金，建立起了自19世纪80年代以来最为庞大的军工复合体。④第一次世界大战暴露了日本资源短缺和工业能力低下对其军事发展的限制，资源依靠进口成为日本致命弱点。1918年的八六舰队计划已经使得兵工厂和造船厂的生产能力达到极限，以至于八八舰队预算不得不拨款发展工业。制造军舰需要优质钢和石油，而这两种材料是日本所缺的。第一次世界大战后期，日本无法从英美进口钢材，英国是因为内需，美国是因为禁运，美国"对日本的压制一步步加紧，最后废商约，禁运战略物资，而且促成英、荷、澳的一致，可说是从商业上予

①　高晓星：《陈绍宽文集》，北京：海潮出版社，1994年版，第63页。

②　翁军、马骏杰：《民国时期中国海军论集》，济南：山东画报出版社，2014年版，第133页。

③　高晓星：《陈绍宽文集》，北京：海潮出版社，1994年版，第113页。

④　[美]约翰·查尔斯·史乐文：《"兴风作浪"政治、宣传与日本帝国海军的崛起（1868—1922）》，刘旭东译，北京：人民出版社，2016年版，第121页。

＋＋

以制裁,结果迫使日本铤而走险,爆发太平洋战争"①。日本认识到由于工业生产能力有限,不能无限制扩充海军,战争不仅是一种严格意义上的军事现象,而且也是一种工业、经济和社会层面的总动员。面对自然资源匮乏和工业生产能力低于对手,如果追求和实现海军扩军目标最终导致与美国无限制海军军备竞赛,扩军不可能给日本带来军事安全,扩军已不再是唯一的政治诉求。②总之,日本海权扩张需要借助强大的海军,海军快速发展对日本的资源供给、工业生产能力及资金支持提出了挑战,于是刺激其通过侵略他国而获得资源和经济的补给,试图实现以殖民反哺海权扩张。

再次,中日海权战略受到经济因素影响之比较。民国的经济基础薄弱,难以给海权发展投入足够经费支持。经济基础薄弱制约了工业、科技的发展,进而限制了海军的发展。"舍海言空"观念使得对空军的重视要优先于海军,从而导致把有限经费集中于空军建设。经济基础薄弱无疑制约了海军的发展,进而影响到海权战略的实施。日本的经济基础相较于民国而言要雄厚得多,日本为了实现其对外扩张战略,投入巨额财力用于海军建设,使得日本海军在这一时期取得快速发展。总之,经济因素直接影响到海军建设,而海军发展的强弱进而影响到海权维护和发展的成效。反之,海权的维护和发展也是促进经济发展的必要保障。

### 三、观念因素影响之比较

实践源自观念的指引,观念对海权战略的影响更加深远。

---

① 李振广:《民国外交:亲历者口述实录》,北京:中国大百科全书出版社,2016年版,第207页。

② [美]约翰·查尔斯·史乐文:《"兴风作浪"政治、宣传与日本帝国海军的崛起(1868—1922)》,刘旭东译,北京:人民出版社,2016年版,第248—253页。

首先,中国海权战略受到观念因素影响之表现。"重陆轻海"和"舍海言空"的思想观念制约了民国的海权认知和实践。就"重陆轻海"观念而言,中国自古以来外患主要来自西北边疆,因此形成了固守陆疆的国防观念。"重陆轻海"观念会影响到海防战略的正确制定和实施。受"重陆轻海"观念影响,蒋介石认为如果中英开战,中国可以依据大陆与英国相持,因为英国凭借的舰炮离开了海岸一百里地方作战就失去效能了。①蒋介石的"重陆轻海"思想加上"攘外必先安内"的国策,决定其对海军建设的消极态度。蒋介石认为中国海军建设既无基础、经费短缺且周期太长,所以在海防建设上坚持"陆主海从"并以空军建设为中心的原则。蒋介石的如上思想对民国海权战略发展产生的消极影响是不可小觑的。有学者指出,尽管晚清以降重陆轻海和传统国防观念受到猛烈冲击,但在民国时期又以新的形式出现,海防观念从"海不必防"转变为"海不能防",这种观念相对于晚清海防思想而言,是一种倒退。就"舍海言空"观念而言,民国政要们大都认为海军建设周期长,加强空军建设更有利于巩固海防和维护海权。部分有识之士对此观点进行了批评,指出了海军建设不可废的几点理由:一是空军只能避免敌人的缠绕,不能防守本国海岸和占领敌国海疆;二是海军是海防前锋,没有海军作为前驱加以协防,空军很难发挥作用;三是空军续航能力总是有其限度,且无法建立空中根据地。总之,"重陆轻海"以及"舍海言空"观念的存在,无疑反映了民国时期海洋意识和海权意识仍然较为淡薄,这些观念和思想势必会给海军建设带来消极影响。缺乏强大的海军支撑,海权战略目标难以全面实现。观念落伍进一步表明了人们缺少对当时国际海洋竞争环境的全面

---

① 　周康燮:《蒋总统言论汇编》,香港:大东图书公司1978年版,第104—105页。

而深刻的认知。

其次,日本海权战略受到观念影响之表现。近代日本不同阶段对其地缘政治形势和海权战略走向认识存在差异,因而出现了坚持"海权论"还是"陆权论"的争论,这一争论会导致"海主陆从"与"陆主海从"不同战略的选择。日本在甲午战争和日俄战争的胜利使得"海主陆从"战略受到决策层的重视。第一次世界大战结束,日本的"陆主海从"战略上升为国策,日本在大陆扩张政策的指导下,入侵朝鲜和中国,直到第二次世界大战败亡。[1]"陆主海从"战略也表明了日本终究不同于海洋民族的英国,日本更多的是将目光投向西面的大陆而非东面的大海。[2]总之,日本也受到陆海观念之争的影响,陆与海在不同阶段所受到的重视程度各异,最终影响其海权战略在国家战略中的位置。

再次,中日海权战略受到观念因素影响之比较。中国作为陆海复合型的国家,自古以来长期存在着"重陆轻海"观念,即使到了民国时期,也未有把经略海洋上升到国家战略加以对待。日本作为典型的海洋性国家,其对海洋的依赖性要高于中国,尽管民国时期的日本存在"海主陆从"与"陆主海从"的论争,但是从未忽视海洋对日本的重要意义,尤其是第二次世界大战结束后,日本实施了海陆兼备的发展战略,对海洋的重视和依赖达到了空前的战略高度。近代中日两国海权观念之所以存在差异,既与客观上两国的地缘特征和传统观念不同有关,也与主观上两国对待海洋态度不同不无关系。

总之,民国时期中日海权战略嬗变是世界海权发展历程的组

---

[1] 高兰:"日本海洋战略的发展及其国际影响",《外交评论》,2012年第6期。
[2] 石川亨:"海洋国家日本的未来",《财界人》,2001年9月。

成部分。由于受到国际环境和国内政治、经济、军事、文化等不同因素的影响,中日两国海权战略在性质上和发展成效上存在一定差异。就性质而言,中国海权战略着眼于对国家主权维护和海洋权益的正当争取。日本海权战略则是具有侵略性的,是其国家总体扩张战略的组成部分。就发展成效而言,日本在海军、海运业、远洋渔业等方面的发展要强于民国,日本之所以有能力侵夺中国海权,从侧面反映了中日海权发展的不平衡。从最终结果来看,日本的海权发展与其国家兴衰相联系,日本海权崛起和衰落引发了世界格局的变化,至少从形式上促使中国"重新成为东亚国际体系中的一个大国"[1]。通过对民国时期的中日海权战略的比较,探求海权战略的意义、作用及影响,促使我们在新的时代背景下深入反思海权战略问题,诸如海权对于中国究竟意味着什么、究竟该如何结合陆海复合型地缘特征和国家总体发展战略去定位海权的未来发展方向、海权维护和发展的必备条件是什么、在海洋命运共同体理念指导下中国能为构建世界新型海权贡献哪些中国智慧以及如何更快促进去霸权化的新型海权与新型海洋秩序早日形成等一系列问题。

---

① 张小明:《美国与东亚关系导论》,北京:北京大学出版社,2011年版,第91页。

# 第八章　民国海权战略的启示及其
# 对建国后海权战略影响

## 第一节　民国海权战略的启示

　　近代中国海权战略嬗变是近代中国历史的重要组成部分,海权战略受制于当时的历史环境,海权战略也对中国近代历史产生了一定的影响。晚清时期,列强数次凭借其"坚船利炮"入侵中国,掠夺中国海洋利益。近代中国陷入有海无防的局面,固然有各种原因,但与中国缺乏强大的海上力量不无关系。到了民国时期,国内外环境相对于晚清而言都有所变化,"在军事、政治方面,是内战、革命和外敌的入侵;在经济、社会、知识和文化领域,则是变革和发展"①。面对海权危机,民国通过多重途径夯实海上力量、维护海洋权利、争取海洋权益,取得了一定成效,但也留下了许多值得总结的经验教训。在加快建设海洋强国的当今中国,反思这些经验教训对当前我国海权维护和海洋强国建设依然有着重要的启示意义。

---

　　① 〔美〕费正清、〔美〕费维恺:《剑桥中华民国史》(上卷),杨品泉、张言等译,北京:中国社会科学出版社,1994年版,第1页。

## 一、提升海洋意识是前提

众所周知,中国是陆海复合型国家,历史上的国防安全危机大多来自西北边疆,因此在中国沿海无须"像对付蒙古人那样的国力去进行扩展"①,再加上经济方面实行的是自给自足的自然经济模式,从而形成了"重陆轻海"观念,缺乏经略海洋的意识。海洋的防御价值只是作为抵御外敌的天然屏障,其经济价值也只是体现在渔盐之利、舟楫之便的层面,因此可以说"虽然中国与海洋存在长期而重要的关系,海洋从来不是中国身份的核心"②。尽管晚清以降,列强的入侵和西方海权论的传入刺激了国人对海洋价值的重新认识,但是总体而言,海洋意识依然十分淡薄。到了民国时期,帝国主义列强在太平洋的海权竞争加剧了中国的海权危机,促进了国人的海权认知和实践,但由于受到政治、经济、军事、观念等因素的制约,相较于世界诸多海洋国家而言,中国海权认知和实践未能达到应有的高度。一方面,"重陆轻海"观念制约了国人对海军重要性的认知。海军部部长陈绍宽明确指出了观念对海军建设的影响,海军能否振作关键在于"全国有无彻底认识,是否需要,像以前满清官僚、军阀政府,就是经济充足,也不肯用于海军啊"③。事实上民国对海军的认知只局限于海军当局和全体士兵的范围内,大多数民众知之甚少,"关于海军的重要及对于国家的关系,不但海军当局很明白,就是全体士兵也没有不晓得的,所不晓得的是全

---

①　［美］费正清、［美］费维恺:《剑桥中华民国史》(上卷),杨品泉、张言等译,北京:中国社会科学出版社,1994年版,第13页。

②　［英］安德鲁·兰伯特:《海洋与权力:一部新文明史》,龚昊译,长沙:湖南文艺出版社,2021年版,第1页。

③　高晓星:《陈绍宽文集》,北京:海潮出版社,1994年版,第66—67页。

国民众。在这种国家情形之下,无论在朝在野,都是不知道海军的重要。"①面对海上风云变化万状的时代,不能根除"陆主海从"观念就会成为时代的落伍者,也无法为海军建设注入精神动力。另一方面,"重陆轻海"观念阻碍了国人对海权的重要意义、发展策略等作深入的探索。有识之士指出,面对国际海权竞争,为了提高国际地位、保疆土之安全、谋民族之发展,全国上下理当对于"海上权力之重要,有明确的认识"②,但事实上不仅一般人士对海上事业未有兴趣,就是对于"海权为立国之最重要元素"亦无清醒认知,其症结在于"全国人士对于海权之观念过于薄弱"③。一言以蔽之,无论是海军建设还是海权的维护和发展,都受制于国人海洋意识的薄弱。换言之,民国时期依然没有从根本上改变长此以往的海洋意识落后问题。英国政治地理学家麦金德指出,"然而时至今日,我们对地理现实的观点,仍然因为带有来自过去的那种先入之见,所以为了实利目的而被歪曲了。换言之就是,人类社会和地理现实的关系,并非基于如今的地理事实,而是在对待此种关系时,我们很大程度上依然沿用了历史上的做法。只有通过努力,我们才能用一种正确、全面、因而也是客观的、20 世纪的视角来认识这些地理现实。"④由此可知,一国的地理位置是固定的,不同历史阶段会形成相对固定的地理观念,随着历史的演进,其固有的地理观念难以适应社会的发展需要,因此亟须改变对其地理位置认知的视角,尽管这种认知的改变并非易事。21 世纪是海洋的世纪。中国长此以往形成的"重陆轻海"意识成为中国海洋事业发展的障

① 高晓星:《陈绍宽文集》,北京:海潮出版社,1994 年版,第 112 页。
② 高晓星:《陈绍宽文集》,北京:海潮出版社,1994 年版,第 171 页。
③ 高晓星:《陈绍宽文集》,北京:海潮出版社,1994 年版,第 169—170 页。
④ [英]麦金德:《陆权论》,徐枫译,北京:群言出版社,2017 年版,第 27 页。

碍。当今中国正在加快建设海洋强国,必须从根本上改变传统的
"重陆轻海"观念,树立陆海统筹理念,认识到开发和利用海洋是实
现可持续发展的必然选择。尤其需要提升全民的海权意识,而事
实上,"海权,对中国人来说是一个鸦片战争开始认识而到今天仍
未被充分理论消化、而在实践上又迫切需要理论回答的问题"①。
因此,要通过不同路径增强全民海洋意识,尤其是海权意识,为海
洋强国建设提供精神动力和社会共识。就此而言,中国近代海洋
意识落后所造成的深刻教训依然值得我们反思和借鉴。

## 二、走中国特色海权道路是原则

对中国海权发展之路的自觉探索始于晚清,面对列强由海而
来的入侵,国人建设海军以加强海防,利用《万国公法》等国际法以
捍卫海洋权利,成立航运公司及渔业公司以发展海洋经济,尽管海
权维护和发展是被动的,收效甚微,但这是中国自觉开辟中国海权
发展之路的开端,其中包括国人对中国如何根据国情走自己的海
权发展之路的思考。民国时期,在应对国际海权竞争过程中,国人
对中国海权之路的选择进行了更加深入的反思,普遍认为中国不
可重复列强的海上霸权之路,在海权道路选择上"必须切合国情",
也即中国海权发展要符合中国的地缘特征和国家发展战略。作为
陆海复合型国家,中国有漫长的海岸线,中国的地缘特征决定了必
须拥有强大的海上力量保卫海疆安全,这是近代中国海防留下的
深刻教训。近代以降,中国因缺乏足以抵御外侮的海军导致有海
无防的局面,使得列强进入中国如入无人之境。关于海权发展战
略,民国时期国人就有了清醒认知,"我们并没有统治全球的野心,

---

① 张文木:《论中国海权》,北京:海洋出版社,2010年版,第1页。

也没有指挥世界的欲望"①,我国的海权发展目标只是建立实现自卫的海军、捍卫海洋权利及实现属于中国合法的海洋利益而已,海权发展目标要服务于国家发展战略。由此可以看出,民国关于海权发展道路的选择已经体现了走中国特色海权发展之路的自觉与自信,具有十分重要的历史价值。当今我国海权维护和发展可谓机遇与挑战并行,面临着黄海划界问题、钓鱼岛问题、南海群岛问题等海洋争端以及海洋贸易在太平洋受到美国在亚太地区部署的第一、第二岛链制约、印度洋上受到马六甲海峡制约等一系列问题。无论面临什么样的局势和困境,中国必须坚持走具有中国特色的海权发展之路,也即"通过和平方式处理和有关国家的领土主权和海洋权益争端,将坚定不移走和平发展道路,奉行互利共赢的开放战略"②,这体现了对西太平洋地区地缘战略特征的充分考虑与对当今国际社会相互依赖理念的深刻认知。当然"合作共赢"并不意味着固守消极的海军战略。中国海权战略不仅要求积极的海军战略,还要在地缘战略方面有所作为。③就此而言,民国时期在面临帝国主义列强带来的海权危机时,有识之士在海权认知和实践中体现的中国特色,具有时代价值,值得借鉴。

### 三、促进海洋命运共同体构建是旨归

民国时期诸多有识之士除了探讨中国特色的海权发展之路外,还把海权维护和发展与承担国际义务联系起来。把捍卫中国海权与维护太平洋安全及世界和平的国际义务相联系,凸显了中

---

① 星德:"海军国防论",《海军整建月刊》,1940 年第 9 期。
② 习近平:《习近平谈治国理政》(第一卷),北京:外文出版社,2018 年版,第 357—358 页。
③ 鞠海龙:《中国海权战略》,北京:时事出版社,2010 年版,第 277 页。

国在国际体系中的地位及其责任担当,彰显了中华民族"对于人类
所应负之责任"①。就承担国际责任必要性而言,有识之士认为中
国是太平洋上最大之国,在国际海权竞争转向太平洋之际,"我们
对太平洋所负责任之重大,实在不下于美国,必须有一个独立强盛
的中国,才能安定太平洋"②。就如何实现和平而言,强盛的中国
是安定太平洋的前提,因此需要拥有一支强大的海上力量,"中国
所需要的是,须有一个强有力的海军足以防卫她的长海岸线,以抗
御外来的侵略。轴心国之武装解除,虽将保障于未来之多年内,太
平洋可以安然无事,但是外来侵略的威胁,断不能永远根绝。中国
所需要的海军之大小,将视民主国家能保持轴心国家不复为害之
效力而定。无论如何,中国之需要强大海军是十分明显的,因为中
国是太平洋主要国家之一,她必须有一种力量不但希望能以自卫,
且须尽其责任与邻邦共同维护和平也"③。民国关于海权发展与
国际责任担当的辩证思考对当今中国如何处理海权发展与促进海
洋命运共同体构建的关系有着重要的启示意义。2019 年 4 月 23
日,习近平主席提出构建海洋命运共同体的倡议,"我们要像对待
生命一样关爱海洋,中国全面参与联合国框架内海洋治理机制和
相关规则制定与实施,落实海洋可持续发展目标。中国高度重视
海洋生态文明建设,持续加强海洋环境污染防治,保护海洋生物多
样性,实现海洋资源有序开发利用,为子孙后代留下一片碧海蓝
天。中国海军将一如既往同各国海军加强交流合作,积极履行国

---

① 梁启超:《中国历史研究法》,北京:中华书局,2009 年版,第 7 页。

② 翁军、马骏杰:《民国时期中国海军论集》,济南:山东画报出版社,2014 年版,
第 564 页。

③ 翁军、马骏杰:《民国时期中国海军论集》,济南:山东画报出版社,2014 年版,
第 589 页。

际责任义务,保障国际航道安全,努力提供更多海上公共安全产品……各国要增进共识,努力推动构建海洋命运共同体贡献智慧。"①总而言之,海洋联通了世界,促进了发展,人类因为海洋而连结成了命运共同体,各国人民安危与共。因此在海洋事业的发展上,就要合作共赢,共同发展,着眼于人类整体利益。中国作为海洋大国,在未来海权发展道路上,要以促进海洋命运共同体构建为旨归,承担海洋大国的责任和义务,从丰富理论内涵、提出推进原则、探索构建路径、化解外来压力等方面为海洋命运共同体构建贡献中国智慧。②就此而言,民国时期,国人在化解帝国主义列强带来的海洋危机的同时,尽管苦难重重,依然不忘中国在维护太平洋和平中的责任担当,这种精神十分可贵,为了促进海洋命运共同体的形成,我们需要接续和发扬此种责任意识和担当精神,做出应有之贡献。

## 第二节　对建国后海权战略影响

通过民国海权战略的研究,不难发现,对于中国而言,"20世纪是一个真正的大时代,一个处于'千年未有之大变局'的转折年代。20世纪前半叶,中国尚处于不稳定的国际体系的底层,所求者首先是恢复19世纪失去的独立与主权"③。据统计,从1840年至1945年,西方帝国主义列强从海上入侵中国达84次,入侵舰船

---

① 习近平:《习近平谈治国理政》(第三卷),北京:外文出版社,2020年版,第464页。

② 冯梁:"构建海洋命运共同体的时代背景、理论价值与实践行动",《学海》,2020年第5期。

③ [美]约翰·伊肯伯里:《大战胜利之后制度、战略约束与战后秩序重建》,门洪华译,北京:北京大学出版社,2008年版,第2页。

多达 1 850 艘,入侵兵力达 47 万人次,强迫签订不平等条约 1 100 多个。①因此可以说,近代中国海权的认知和实践始终与近代西方国家的海权扩张相关联,是对西方国家海权扩张的被动反应,"西方海权在发展中由于其扩张性、垄断性特点,导致许多东方国家海权被剥夺。这造成了世界海洋利用中的不平等现象,违反了海洋的公共属性,它所造成的矛盾和后果在当代依然存在"②。近代中国海权的认知和实践起于鸦片战争以降,晚清海权丧失、甲午战后海军重建未能实现等问题遗留给了民国。晚清海权维护与发展的得失成败对民国产生了深远影响。民国既要收复晚清丧失的海权,又要重建新海军以实现有效捍卫海疆安全之目的。由于各种原因,民国海权战略目标并未完全实现,这些问题遗留给了新中国。一言以蔽之,近代海权战略对新中国海权维护和发展依然有着直接或间接的影响,这也说明了"人们自己创造自己的历史,但是他们并不能随心所欲地创造,并不是在他们自己选定的条件下创造,而是在直接碰到的、既定的、从过去继承下来的条件下创造"③,新中国的海权战略正是在民国海权维护和发展成果的基础上继续前行的。新中国成立后,一方面是大力收复自晚清以降丧失的海权,另一方面是在汲取近代海权战略经验教训基础上,提升海权意识,极力维护和发展海权,拓展海权维护和发展渠道,在海洋经济发展和海上力量建设等方面取得丰硕成果。当然,自新中国成立至今,不同历史阶段的海权维护和发展的目标和手段不尽相同,这与各历史阶段受到的国际影响以及国内战略目标皆有密

---

① 石家铸:《海权与中国》,上海:上海三联书店,2008 年版,第 300 页。
② 石家铸:《海权与中国》,上海:上海三联书店,2008 年版,第 24 页。
③ 《马克思恩格斯选集》第一卷,北京:人民出版社,1972 年版,第 603 页。

切关系。21 世纪是海洋的世纪,国际上的海洋竞争日趋激烈,矛盾和冲突不断,中国的海洋事业发展也将面临诸多挑战,未来如何根据自身地缘特征和国家发展方向,走出一条具有中国特色的海权发展之路,同时也为世界海权和平有序的发展贡献中国智慧,可谓是任重而道远。在此过程中,必须深刻反思近代中国海权战略留下的经验教训,确保不再重蹈历史覆辙的前提下,开辟新的发展道路。

## 一、对中国近代海权思想和实践的历史反思

资本全球化及其相应的资本多极化的历史运动使得近代世界进入海洋争霸的时代。在此背景之下,中华民族自鸦片战争以降,屡遭西方列强由海而来的入侵。由于晚清政府政治腐败、财政危机、观念守旧及海防力量薄弱等原因,导致了海防屡防屡败的结局,海权也随之丧失殆尽。与此同时,以林则徐、魏源、李鸿章为代表的仁人志士对海权的认知也经历了从萌芽、觉醒到逐渐成熟的嬗变历程。随着西方海权论和国际法在近代中国的传播,近代国人开启了以海权理论指导海军重建和运用国际法维护海权的实践活动。到了民国时期,国际海权竞争从大西洋转移到太平洋,中国成为帝国主义列强争夺的焦点,加上晚清签订的一系列不平等条约,使得中国海权几乎丧失殆尽,而晚清留下的海军难以承担保卫海疆之重任,中国海权危机已经严重危及国家安全和民族生存。以孙中山、张謇、陈绍宽、郭寿生为代表的有识之士,指明了海权对于中国的重要意义,剖析了制约中国海权发展的障碍,为海权维护和发展树立了目标,提出了具体路径,并付出了实践。尽管民国海权维护和发展相对于晚清而言有所进步,但是由于受制于政治、经济、军事、外交、观念等多重因素的制约,依然存在着诸多局限,海

权战略目标并未完全实现,诸多难题留给了新中国。新中国成立以后,历届中央领导集体都对近代中国海权丧失的经验教训进行了总结。毛泽东认为,"我们国家穷,钢铁少,海防线很长,帝国主义就是欺负我们没有海军。一百多年来,帝国主义侵略我们都是从海上来的,不要忘记这一历史教训"①。邓小平认为中国从鸦片战争起就沦为一个半殖民地半封建国家,其深层原因是清王朝的腐败,"从鸦片战争起,中国由于清王朝的腐败,受列强侵略奴役,变成了一个半殖民地半封建国家。欺负中国的列强,总共大概是十几个,第一名是英国,比英国更早,强租中国领土澳门的,是葡萄牙。从中国得利最大的,则是两个国家,一个是日本,一个是沙俄,在一定时期一定问题上也包括苏联"②。各列强对中国的侵略皆是从海上而来,腐败的清王朝无法缔造一支强大的海军抵御外敌于国门之外。江泽民在强调建设强大的海军时指出,不要忘记100多年遭受列强由海而来入侵的切肤之痛。胡锦涛指出,"中华民族从来是一个爱好和平、与邻为善的民族。近代以来,中国人民长期饱受外来侵略和奴役之苦,更加珍惜来之不易的和平与自由"③,而外来侵略的主要通道就是海洋。习近平反思近代中国遭受海上入侵及海权丧失原因时指出:一方面,晚清缺乏一支足以匹敌的海上力量抵御列强海上入侵,因此当今中国只有拥有强大的海上自卫力量方能避免中国近代以来历史悲剧的重演;④另一方面,列强在近代凭借其坚船利炮入侵中国是海洋霸权行为,中国海

---

① 中共中央文献研究室:《毛泽东年谱》(第二卷),北京:中央文献出版社,2013年版,第38页。
② 《邓小平文选》(第三卷),北京:人民出版社,1993年版,第292—293页。
③ 胡锦涛:《胡锦涛文选》(第一卷),北京:人民出版社,2016年版,第520页。
④ 陈万军:"党中央、中央军委关心人民海军建设和发展纪实",《人民日报》,2009年4月23日。

权发展必须以自卫和实现正当海洋权益为目标,绝不重复西方近代以来的海洋霸权之路;再一方面,中国由于地理因素及自给自足的自然经济的影响,形成了重陆轻海的思想传统,近代中国的屈辱史是海洋意识淡薄的结果。

21世纪是海洋的世纪。随着海洋在一个国家的政治、经济、国防中重要性的日益凸显,向海而兴、背海而衰已成铁律,中国必须走以海富国、以海强国的和平发展之路,加快发展海权,早日建设成海洋强国。对近代中国海权思想和实践的深刻反思,总结其经验教训,是我国海洋强国建设和海权战略发展的必要前提。近代中国海权思想和实践存在的问题既有客观的条件限制,更有主观认识上的不足。近代中国海权维护和发展的曲折道路警示我们必须不断破除传统"重陆轻海"观念、增强全民海洋意识、重视海军建设、提升经略海洋的能力、海权发展要契合中国地缘特征和国情、不重复西方海洋霸权之路等等。

## 二、海权战略嬗变

如上文所述,由于国内外各种因素的制约,民国时期并未全部收复丧失的海权,也未能建立一支足以抵御外侮的强大海上力量,争取海洋权益的能力也十分有限,这些问题都遗留给了新中国。新中国成立至今,海权战略嬗变直接或间接、或多或少地都会受到民国海权战略的影响。新中国成立以后,历届中央领导集体都高度重视海权的维护和发展,在对近代中国海权思想和实践反思的基础上,在不同历史时期形成了符合具体时代背景的海权战略。新中国成立之初,国际上面临以美国为首的敌对势力对中国实施海上封锁和遏制,国内面临资金短缺、技术落后以及海军实力相对较弱等困境,在此背景下,毛泽东极力主张收复近代以来丧失的海权、建立"海上长城"以加强海防、建设"海上铁路"以发展海上运输,开创了中国海权维护和发展的新局面。在国际海权斗争变得日趋复杂且呈现出海权实现手段多样化、海洋权益维护法制化以及海军发展高科技化等诸多新特点的背景下,邓小平主张"搁置主权,共同开发"以解决海洋争端、通过沿海城市对外开放以发展海洋经济、重视海军质量以提升战斗力的海权思想和实践,体现了鲜明的时代性和创新性,中国海权维护和发展上升到一个新的台阶。为了顺应世界海洋事业发展的趋势,加快对海洋的开发和利用,党的十六大报告提出"海洋开发战略",十七大报告提出"发展海洋产业",十八大报告提出"建设海洋强国",十九大报告中进一步提出"加快建设海洋强国"。习近平在继承了第一代到第四代中央领导集体海权思想的基础上,结合国际战略环境的变化以及中国自身的海权发展的客观需求和条件,建构了具有鲜明时代特征的海权新观念,为海权发展和加快建设海洋强国指明了方向,习近平关于海权的重要论述成为习近平新时代中国特色社会主义思想的重要组成部分。

### (一)积极维护海洋权利

海洋权利是在国际海洋法和国际法规定主权国家享有的权利,并随国际海洋法的变化而变化。新中国成立后海洋权利维护经历了海洋权利收复、海洋权利维护新途径开辟及海洋权利维护能力提升的嬗变历程。

#### 1. 积极收回和捍卫海洋权利

海洋权利是在《联合国海洋公约》、国际海洋法、国际法等认可的主权国家享有的海洋权利,这部分权利虽经缓慢演化,但相对比较确定。近代丧失的许多海洋权利直至民国也未能全部收复,如何尽快收复海洋权利,维护国家主权和利益,成为新中国必须面对的问题,"新中国的缔造者们清醒地认识到一定要拥有完全独立的主权和海权,这是一切国家战略、包括海洋战略的根基和起点"①。一方面,针对中国近代海权被掠夺的原因,毛泽东指出,"帝国主义列强根据不平等条约,控制了中国一切重要的通商口岸,并把许多通商口岸划出一部分土地作为它们直接管理的租界。它们控制了中国的海关和对外贸易,控制了中国的交通事业(海上的、陆上的、内河的和空中的)。因此它们便能够大量地推销它们的商品,把中国变成它们的工业品的市场,同时又使中国农业生产服从于帝国主义的需要"②。新中国成立后,坚决捍卫海洋权利,与侵犯中国海洋权利的行为作斗争。

首先,为了维护国家主权的完整,逐步收回了外国在中国的驻军权、内河航运权、海关主权及管理权。早在 1949 年 4 月 30 日毛泽东就发表声明要求英国、美国、法国在华的军舰、军用飞机、陆战队迅速从中国领水、领海、领土、领空撤离,不要帮助中国人民的敌人打内战。③经过努力,最终彻底收回了外国在中国的驻军权。中国通过与苏联签订相关条约顺利收回了大连和旅顺,改变了自甲午战争以来西方列强控制渤海湾的历史。通过颁布《关于外籍轮船进出口管理暂行办法》《海港管理暂行条例》等法规收回了沿海和内河航运权。通过颁布《关于 1950 年航务工作的决定》《关于统一航务港务管理的指示》收回了引航权。中国海关权丧失于鸦片战争以降,列强凭借对中国海关权的掌控,不断侵夺中国的经济利益,损害中国国家主权。借助对中国海关权的把持,帝国主义列强还控制了海岸巡逻、港口管理、航道疏浚、灯塔浮标管理、助航设备

① 彭克慧:《新中国海洋战略发展史》,北京:人民出版社,2017 年版,第 25 页。
② 《毛泽东选集》(第二卷),北京:人民出版社,1991 年版,第 628—629 页。
③ 《毛泽东选集》(第四卷),北京:人民出版社,1991 年版,第 1461 页。

建筑等与中国内政和主权相关事宜。海关的主权和管理权也随着《暂行海关法》和《海关进出口税则》的颁布被收回。1949 年 10 月 25 日,中华人民共和国中央人民政府海关总署在首都北京宣告成立,从此正式宣告帝国主义控制中国海关近百年屈辱历史的终结,"我们已把中国大门的钥匙放在自己的袋子里,而不是如过去一样放在帝国主义及其走狗的袋子里"①。海关的收回,逐步扭转了中国进出口贸易长期入超的局面。

　　其次,针对新中国成立后美国控制台湾、英国霸占香港、葡萄牙占据澳门的局面,毛泽东强调对于台湾、香港和澳门问题,"不可急于解决",要采取原则性和灵活性相结合的解决办法。毛泽东认为台湾是中国的领土是无可争辩的,但解决这问题需要时间,因为它比西藏问题复杂,②"我国政府应当争取用和平方式解放我国的领土台湾,但是也要准备在不能和平解决的时候,采取其他的方式达到解放台湾的目的"③。毛泽东在维护海权过程中坚持原则性与灵活性相结合的原则符合中国当时国情,体现出毛泽东实事求是的思想精髓。台湾在中国海权战略中占有十分重要的位置,台湾是"中国近海海权与远海海权转换中的节点和地缘支轴,中国要走向远洋就必须实现国家的统一"④。另一方面,坚决捍卫海权以维护国家主权的完整。针对 1949 年 4 月发生的英国军舰"紫石英"号侵入长江的事件,毛泽东发表中国人民必须保卫领土主权绝不允许外敌侵犯的声明,并明确指出,"长江是中国的内河,你们英

----

① 《刘少奇选集》(下卷),北京:人民出版社,1981 年版,第 13 页。
② 陆儒德:《毛泽东的海洋强国战略》,北京:海洋出版社,2015 年版,第 330 页。
③ 中共中央文献研究室:《建国以来重要文献选编》(第九册),北京:中央文献出版社,2011 年版,第 301 页。
④ 石家铸:《海权与中国》,上海:上海三联书店,2008 年版,第 115 页。

国人有什么权利将军舰开进来？没有这种权利。中国的领土主权，中国人民必须保卫，绝对不允许外国政府来侵犯"。①"紫石英"号事件的解决表明了毛泽东保卫领土主权的决心，也标志着西方在华炮舰政策的终结。

再次，20 世纪 50 年代末 60 年代初，苏联强行实施大国沙文主义，要求中国服从其全球战略。苏联提议在中国海南岛或印度沿海建一个长波电台和建立一支"中苏联合潜艇部队"，两个建议都以中苏共同管理为前提，直接危害到中国主权，毛泽东认为这些要求"有损我们国家的主权和尊严"②，"这是一个政治问题……在这个问题上，我们可以一万年不要援助"③。坚决反对苏联以提供军事技术为条件侵害中国的海洋主权，最终顶住了压力捍卫了海权。面对苏联的无理要求，毛泽东表明了"核潜艇，一万年也要搞出来"的决心。针对美国第七舰队的使命及其"划峡而治"的"两个中国"的企图，④在 1958 年发布的领海声明中就中国内海区域和领海宽度给予了确认，⑤这一声明为反对美国海洋霸权和捍卫中国海权提供了法律依据。1974 年，面对南越海军强占我金银岛等岛屿，毛泽东表达了"不打一仗不足以维护中国海权"的决心，最终打败南越海军并收复了被越南侵占的甘泉、珊瑚和金银三岛。针对日本拟对钓鱼岛行使主权并建立主权碑，中国声明台湾地区及

---

① 《毛泽东选集》（第四卷），北京：人民出版社，1991 年版，第 1460 页。

② 陆儒德：《毛泽东的海洋强国战略》，北京：海洋出版社，2015 年版，第 447 页。

③ 中华人民共和国外交部、中央文献研究室：《毛泽东外交文选》，北京：中央文献出版社、世界知识出版社，1994 年版，第 330 页。

④ 陶文钊：《中美关系史》（中卷），上海：上海人民出版社，2004 年版，第 164—165 页。

⑤ 国家海洋局政策法规办公室：《中华人民共和国海洋法规选编》，北京：海洋出版社，1998 年版，第 1 页。

其包括钓鱼岛在内的所属岛屿都是中国领土。总之,建国初期面对美、英、苏、日等国对我海权的侵犯,以毛泽东为核心的中央第一代领导集体领导全国人民进行了艰苦卓绝的斗争,而且还顶着重重压力坚决收复了诸多丧失的海权,对内增强了海权维护的信心,对外向世界展示了中国维护海权的决心。能够结合国内外的政治环境以及收复海权的复杂情况,采取了灵活多样的手段,做到循序渐进,展示了中国维护海权的智慧。

2. 开辟海洋权利维护的新途径

鸦片战争以降,中国的海洋国土屡遭入侵,无数仁人志士为了维护海洋国土进行了艰苦卓绝的斗争。新中国成立以后,以毛泽东为核心的中央第一代领导集体为了维护海洋国土做出了艰辛的努力,主要表现为收回近代以来丧失的海关主权、引航权、部分岛屿及港口等。到了以邓小平为核心的中央第二代领导集体坚持把"国家的主权、国家的安全要始终放在第一位"[①]的原则,通过多重途径维护海洋国土以确保国家主权和领土的完整。比如,邓小平在谈到香港收回时指出,"关于主权问题,中国在这个问题上没有回旋余地。坦率地讲,主权问题不是一个可以讨论的问题"[②]。与毛泽东时代相比,邓小平时代的中国所面临海洋国土争端问题更加复杂,邓小平"把国防战略思想运用于海洋,创造性地提出了具有崭新政治思维的海洋政治战略"[③],能够对海洋争端的新情况、新问题,提出新的解决办法,充分证明了中国海权维护能力在逐渐增强。

---

① 《邓小平文选》(第三卷),北京:人民出版社,1993年版,第348页。
② 《邓小平文选》(第三卷),北京:人民出版社,1993年版,第12页。
③ 李铁民:《邓小平海军建设思想研究》,北京:国防大学出版社,1997年版,第47页。

首先,对于隶属于中国主权而无争议的岛屿,必须在承认中国主权的前提下解决争端。比如,对南沙群岛问题,邓小平指出,"南沙群岛历史上就是中国领土,国际上很长时间对此并无异议……当时联合国没有提出任何异议,世界上其他国家也都没有提出异议。世界上有权威的地图标明南沙群岛一直为中国所控制","我经过多年考虑,认为要真正解决这个问题,可在承认中国主权条件下,各方都不派部队,共同开发。那些地方岛屿很小,住不了人,不长粮食,无非有一些石油资源。有关近邻国家可以组成公司,共同勘察、开发。中国有权提出这种建议,只有中国建议才有效。这样就没有争端,用不着使用武力"①。对南沙群岛争端问题的解决思路,一方面表明了邓小平对国家主权坚决捍卫的态度;另一方面也展示其解决海洋争端问题的灵活性,为中国经济发展营造了和平氛围。

其次,对于暂时可以回避主权归属的岛屿,邓小平指出,"一个办法是我们用武力统统把这些岛收回来;一个办法是把主权问题搁置起来,共同开发,这就可以消除多年积累下来的问题"②。当用武力统统收复岛屿还不成熟的情况下,在搁置主权的前提下共同开发则不失为上策。共同开发是不用战争手段而用和平方式来解决海洋争端的新方法,为国际领土争端的解决提供了新思路,"有些国际上的领土争端,可以先不谈主权,先进行共同开发。这样的问题,要从尊重现实出发,找条新的路子来解决"③。比如对钓鱼岛问题,邓小平把它称之为"悬案","这个问题可以挂起来,如

---

① 《邓小平军事文集》(第三卷),北京:军事科学出版社、中央文献出版社,2004年版,第292页。
② 《邓小平文选》(第三卷),北京:人民出版社,1993年版,第87页。
③ 《邓小平文选》(第三卷),北京:人民出版社,1993年版,第49页。

果我们这一代不能解决，下一代会比我们聪明一些，总能找到解决的办法，对于这个问题以及同类的纠纷，后来我们提出了一种设想，就是可否采用共同开发的办法加以解决"①。钓鱼岛是中国的领土，我们不可能放弃，"把这个问题先搁一下，不等于问题不存在，不等于保钓运动可以结束。这个运动还要继续下去，不过以后可能高一阵、低一阵"②。坚持主权、搁置争议和共同开发的原则维护了国家的根本利益，创造了和平稳定的海洋战略环境，为中国争取海洋权益提供了新的思路，同时也为世界各国解决海洋争端问题贡献了中国智慧。

再次，收回香港主权。晚清政府在 1898 年与英国签订了租让香港新界的法案，香港开始受英国殖民统治。毛泽东收复了晚清政府丢掉的大部分中国领土，包括上海、青岛等地，但他却未能收回台湾和香港。这个重任落在了邓小平的肩上。③1982 年撒切尔夫人访华，她坚持历史上的条约按国际法仍然有效，一九九七年后英国要继续管理香港。对撒切尔夫人的意见，邓小平明确提出："主权问题是不能谈判的，中国一九九七年要收回整个香港。"④主权问题是不可讨论的，在这个问题上没有回旋的余地，体现了邓小平维护国家主权的原则性和坚定决心。经过努力，1997 年 7 月 1日，中国政府对香港恢复行使主权，香港特别行政区成立，中央拥有对香港的全面管治权，香港保持原有的资本主义制度长期不变，并享受外交及国防以外所有事务的高度自治权。

---

① 《邓小平文选》(第三卷)，北京：人民出版社，1993 年版，第 293 页。

② 《邓小平文集》(下卷)，北京：人民出版社，2014 年版，第 385 页。

③ [美]傅高义：《邓小平时代》，冯克利译，北京：生活·读书·新知三联书店，2013 年版，第 463 页。

④ 《邓小平文选》(第三卷)，北京：人民出版社，1993 年版，第 84—85 页。

尔后,中国维护海洋权利的途径不断有所拓展。比如,在解决黄岩岛主权争端时形成的维护海权的新模式——黄岩岛模式,标志着中国海权维护从过去韬光养晦向积极作为的根本转变,①"中国通过战略强制对菲律宾在黄岩岛争端中的挑衅行动取得了实质性成果。这对中国如何成功实施战略强制措施解决与周边国家的领海争端具有一定的参考价值"②。南海岛礁建设以及三沙市的设立,则开启了通过行政治理宣示国家主权的新篇章。总之,中国海权维护途径不断呈现新变化,其理念和实践跨上了新台阶。

3. 提升海洋权利维护能力

自 20 世纪 90 年代以降,随着海洋军事战略地位的上升以及海洋权益之争的凸显,中国认识到海洋权利维护能力提升的迫切性,于是争取在搁置争议和友好协商的同时,加强双边谈判及推动合作等多重手段解决海洋权益争端问题。一方面,颁布了诸如《中华人民共和国专属经济区和大陆架法》等一系列法律法规维护海洋权益;另一方面,积极加入《联合国海洋法公约》,为解决海洋争端、维护海权以及海军的公海行动提供了法理依据。

十八大以来,习近平提出要进一步提升海权维护的能力。一方面,实现海洋维权向统筹兼顾型转变,"要维护国家海洋权益,着力推动海洋维权向统筹兼顾型转变。我们爱好和平,坚持走和平发展道路,但决不能放弃正当权益,更不能牺牲国家核心利益。要统筹维稳和维权两个大局,坚持维护国家主权、安全、发展利益相

---

① 张洁:"黄岩岛模式与中国海洋维权政策的转向",《东南亚研究》,2013 年第 4 期,第 25 页。

② 孙学峰:《合法化战略与大国崛起》,北京:社会科学文献出版社,2014 年版,第 218 页。

统一,维护海洋权益和提升综合国力相匹配。要坚持用和平方式、谈判方式解决争端,努力维护和平稳定"①。海洋维权要统筹兼顾。要统筹好维稳与维权、陆与海、维护利益与解决争端之间的关系,避免单方面的发展。就顾全维稳和维权两个大局而言,要把对国家主权、安全的维护与发展利益统一起来,使得海洋权益的维护与综合国力的提升相匹配。②维护海洋合法权益是前提,利用海洋获取国家利益是目的。就陆海统筹而言,我国既是陆地大国也是海洋大国,海洋富有广泛的战略意义,因此必须做到陆海统筹,走依海富国、以海强国之路,这是对"重陆轻海"思想的超越。就维护核心利益与解决争端而言,随着海洋事业的发展,国际的争端和矛盾也会越来越多,必须坚持不放弃包括"国家主权、国家安全、领土完整、国家统一"③的核心利益,争取用和平、发展、合作、共赢方式处理这些争端和矛盾,以推动共同利益。另一方面,要做好应对各种复杂局面的准备,提高海洋维权能力,"要坚持主权属我、搁置争议、共同开发的方针,推进互利友好合作,寻求和扩大共同利益的汇合点"④。维权的能力最终取决于是否有强大的综合国力作保障,具体包括外交能力、经济能力及军事实力等。中国只有拥有一支强大的武装力量,坚定维护和平和独立自主的宗旨,依照国际法准则处理海界争端,才能维护海洋权益,对潜在的麻烦起到有效威慑和抑制。⑤总之,对海洋权益的维护,必须加强对话磋商、深化互利合作、灵活运用规则以及运用好法律维权等手段,妥善应对和化

---

①②④　习近平:"在中共中央政治局第八次集体学习时的讲话",人民日报,2013年8月1日。

③　中国国务院新闻办公室:《中国和平发展白皮书》,北京:人民出版社,2011年版,第15页。

⑤　王逸舟:《全球政治与中国外交:探寻新的视角与解释》,北京:世界知识出版社,2003年版,第240页。

解周边各种海上风险和复杂局势以为国家经济社会发展赢得和平稳定环境。同时，又要不断提升综合国力作为坚强后盾。

## （二）大力发展海洋经济

海洋既是交通媒介和交流渠道，也蕴藏着丰富的资源，如何更大限度地获取合法的海洋利益，理当成为海权维护和发展的主要目标。海洋利益是由海洋权利产生的政治、经济、文化等各种利益，这种利益的获得取决于主权国家的能力，随着主权国家能力的变化而变化。近代中国在海洋经济发展方面有了一定的自觉，但是由于主客观原因的制约，总体而言，收效甚微。新中国成立以来，海洋经济受到了足够的重视，并且取得了重大发展。海洋利益实现经历了发展海洋贸易、形成沿海开放布局、提升海洋开发能力及转变海洋经济开发模式的嬗变历程。

### 1. 恢复海洋经济

海洋经济是开发利用海洋各类经济活动的总和，是海权发展的基本目标。新中国成立后，毛泽东认为中国要走向海洋，既要维护海洋权利，更要积极利用海洋以获取海洋利益。但是新中国成立之初，海洋经济的发展受到帝国主义列强的干扰。以发展海洋贸易业为例，面对西方国家对中国的海上封锁，毛泽东认为"海洋贸易是开放的，帝国主义对我们实行封锁，它注定要失败。我们必须创造条件，要扩建港口、增加泊位，来发展贸易"[①]。由中国和波兰两国政府本着平权合股原则共同组建的远洋运输企业中波轮船股份公司，标志着新中国远洋运输业从此起步，新中国遭受的经济封锁和贸易禁运被打破。为了加强对海洋贸易的管理，交通部自1956年起负责"远洋运输、沿海远程运输，具有国际性的和全国性

---

① 陆儒德：《毛泽东的海洋强国战略》，北京：海洋出版社，2015年版，第480页。

的沿海较大港口载重千吨级以上的海轮、外轮进出口业务,港口的
建设维护,航道的疏浚"①。1958 年毛泽东提出了"建立海上铁路"
的伟大构想,"远洋队伍必须加快建设,以适应国家发展的需要,中
国应当逐步发展到几千万吨规模的远洋队伍,连通世界各国"②。
中国政府从英国买来一条报废的邮船,经修补改造后成为中国第
一条远洋货轮"光华"号。1961 年,中国远洋运输总公司成立,实
践着毛泽东建立"海上铁路"连通世界互通有无、与世界各国人民
一起共享海洋资源的设想。关于新中国海洋渔业的发展,遵循"养
捕并举,国营和集体并举""因地制宜,多种经营"方针。③1949 年的
《共同纲领》提出了"保护沿海渔场,发展水产业"④。到 1953 年,
海产品在水产品的比例超过三分之二,到 1956 年底,中国的渔业
产量在世界位居前列。关于造船业,到了 1965 年,可以用自己生
产的钢铁制造船只,到了 1974 年,造船业实现了完全自主,可以说
"没有一个零件是进口的"。⑤为了配合远洋航运业的发展,逐渐恢
复了海洋盐业、海洋渔业、造船业等海洋产业,1964 年成立了直属
国务院领导的国家海洋局以加强对海洋事务的管理,海洋局在国
防建设和海洋经济发展过程中发挥了重要作用。总之,海洋经济
的发展为新中国争取了更多的海洋利益,是对中国近代以来开发
和利用海洋以发展经济的继承和超越。

---

①　中共中央文献研究室:《建国以来重要文献选编》(第九册),北京:中央文献出
版社,2011 年版,第 337 页。
②　陆儒德:《毛泽东的海洋强国战略》,北京:海洋出版社,2015 年版,第 482 页。
③　中共中央文献研究室:《建国以来重要文献选编》(第十六册),北京:中央文献
出版社,2011 年版,第 75 页。
④　中共中央文献研究室:《建国以来重要文献选编》(第一册),北京:中央文献出
版社,2011 年版,第 8 页。
⑤　彭克慧:《新中国海洋战略发展史》,北京:人民出版社,2017 年版,第 51 页。

### 2. 形成沿海开放布局

到了邓小平时代,中国通过沿海城市的对外开放,进一步引进外资,吸收国外的先进技术和管理经验,开辟了中国走向海洋融入世界的新道路。正如外国学者所言:"随着毛泽东时代和越南战争的结束,中国重新开放了经济体系,使得海洋性力量摆脱了大陆性的钳制性束缚。"①邓小平认为中国从西方产业革命以降开始落后了,其根本原因就是中国的闭关自守,而这种闭关自守甚至一直延续到建国初期,"因为现在任何国家要发达起来,闭关自守都不可能。我们吃过这个苦头,我们的老祖宗吃过这个苦头。恐怕明朝明成祖时候,郑和下西洋还算是开放的。明成祖死后,明朝逐渐衰落。以后清朝康乾时代,不能说是开放。如果从明朝中叶算起,到鸦片战争,有三百多年的闭关自守,如果从康熙算起,到鸦片战争,有三百多年的闭关自守,如果从康熙算起,也有近二百年。长期闭关自守,把中国搞得贫穷落后,愚昧无知"②,"新中国成立以后,人家封锁我们,在某种程度上我们也还是闭关自守,这给我们带来了一些困难,三十年的经验教训告诉我们,关起门来搞建设是不行的,发展不起来"③。在开放的世界背景下,必须对内经济搞活,对外实行开放政策。从国际形势来看,20 世纪 70 年代随着中苏、中美大国关系的转变,邓小平"也能够开始与美国及其他海洋国家建立新的政治关系,这将使他得以把中国亟须的经济改革引入停滞不前的社会主义国营经济当中。1979 年,美国与中国建立外交关系,四个沿海经济特区被创建起来以吸引外资,推动

---

① [美]索尔·科恩:《地缘政治学——国际关系的地理学》,严春松译,上海:上海社会科学院出版社,2011 年版,第 274 页。

② 《邓小平文选》(第三卷),北京:人民出版社,1993 年版,第 90 页。

③ 《邓小平文选》(第三卷),北京:人民出版社,1993 年版,第 64 页。

国际贸易"①。1980 年 5 月,中国在广东和福建两省首批设立深圳、珠海、汕头和厦门四个经济特区,"一是因为这两省地处沿海,毗邻港澳,面对台湾,是向国内走私贩私的主要通道;二是因为两省都在经济上实行特殊政策和灵活措施,都在试办经济特区,都有一些方针政策性的问题需要明确决定"②。1984 年 4 月,国家批准了大连、秦皇岛、天津、烟台、青岛、连云港、南通、上海、宁波、温州、福州、广州、湛江和北海等 14 个城市为沿海开放城市,把长江三角洲、珠江三角洲和闽南厦门、漳州、泉州三角地区开辟为沿海经济开放区,从而形成了"经济特区—沿海开放城市—沿海经济开放区"的逐步推进的开放布局,"在沿海从北到南连成我国对外开放的前沿地带"③,实现了中国从海洋走向世界的历史转折。1988 年 4 月,设立海南经济特区,海南经济特区是全国最大的省级经济特区。沿海的开放使得中国能够充分利用国外资金、技术和市场,从而创造了中国经济的 30 年快速增长以及中国社会的深刻变革。相比毛泽东通过建设"海洋铁路"来发展海洋经济,邓小平提出的沿海对外开放政策又向前迈出了一大步,中国有更多的机会开发利用海洋以发展经济,进而通过海洋走向世界。

3. 提升海洋开发能力

进入 90 年代初,以江泽民为核心的党的第三代领导集体,强调从战略高度认识海洋在国家权益和发展中的地位,海洋成为中

---

① [美]索尔·科恩:《地缘政治学:国际关系的地理学》,严春松译,上海:上海社会科学院出版社,2011 年版,第 81 页。

② 中共中央文献研究室:《三中全会以来重要文献选编》(下),北京:中央文献出版社,2011 年版,第 461 页。

③ 中共中央文献研究室:《十二大以来重要文献选编》(上),北京:中央文献出版社,2011 年版,第 393 页。

国经济的新生长点,这无疑对海洋开发能力的提升提出更高的要求。首先,继续扩大沿海开放。1992 年 10 月 12 日中共十四大报告指出,"对外开放的地域要扩大,形成多层次、多渠道、全方位开放的格局。继续办好经济特区、沿海开放城市和沿海经济开放区。扩大开放沿边地区,加快内陆省、自治区对外开放的步伐。以上海浦东开发开放为龙头,进一步开放长江沿岸城市,尽快把上海建成国际经济、金融、贸易中心之一,带动长江三角洲和整个长江流域地区经济的新飞跃。加速广东、福建、海南、环渤海湾地区开放和开发,力争经过二十年的努力,使广东及其他有条件的地方成为我国基本实现现代化的地区。"①到 1993 年,初步形成了沿海、沿江、沿边和内陆省会城市全方位开放的格局。其次,提升海洋开发能力。中国陆地资源短缺限制了经济的可持续发展,因此亟须寻找和开发新的资源,如何更有效的开发海洋资源因此受到空前关注。为了有计划地开发和利用海洋资源,1991 年首次召开的全国海洋会议通过了《九十年代我国海洋政策和工作纲要》,提出了"以开发海洋资源、发展海洋经济为中心",充分论述了现代海洋开发与管理对于维护国家海洋权益、发展海洋经济的重要性,为我国 90 年代海洋事业的发展指明了方向。1995 年编制了《全国海洋开发规划》,实施海陆一体化开发,提高海洋开发综合效益,推行科技兴海,推进开发和保护同步发展。1996 年制定了《"九五"和 2010 年全国科技兴海实施纲要》,实行以推动海洋产业技术进步为目标的"科技兴海"计划。1996 年 4 月,发布的《中国海洋二十一世纪议程》全面分析了我国海洋事业发展面临的机遇和挑战,明确提出我国在海洋事业发展中遵循的战略原则,提出了"有效维护国家海洋

---

① 《江泽民文选》(第一卷),北京:人民出版社,2006 年版,第 230 页。

权益,合理开发利用海洋资源,切实保护海洋生态环境,实现海洋
资源、环境的可持续利用和海洋事业的协调发展"。以胡锦涛为核
心的党的第四代领导集体基于全面协调可持续性的发展观,在强
调海洋开发是推进我国海洋经济发展的重要路径的同时,要求做
好海洋调查、海域使用管理以及对海洋环境的保护。2003年发布
了《全国海洋经济发展规划纲要》,规划期为2001年至2010年,这
是我国制定的第一个指导全国海洋经济发展的宏伟蓝图和纲领性
文件,总目标是"海洋经济在国民经济中所占比重进一步提高,海
洋经济结构和产业布局得到优化,海洋科学技术贡献率显著加大,
海洋支柱产业、新兴产业快速发展,海洋产业国际竞争能力进一步
加强,海洋生态环境质量明显改善。形成各具特色的海洋经济区
域,海洋经济成为国民经济新的增长点,逐步把我国建设成为海洋
强国。"2008年印发《国家海洋事业发展规划纲要》,这是我国首次
发布海洋领域总体规划,强调要以建设海洋强国为目标统筹国家
海洋事业发展,对促进海洋事业全面、协调、可持续发展具有重要
指导意义。党的十八大报告进一步强调了提高海洋资源开发能力
对发展海洋经济的重要意义,"提高海洋资源开发能力,发展海洋
经济,保护海洋生态环境,坚决维护国家海洋权益,建设海洋强
国。"总之,20世纪90年代以降,我国海洋渔业、海上运输业、海上
石油业、船舶制造业都取得了前所未有的好成绩,海洋开发能力得
到了大幅度提升。当然我们也不能忽视由此而带来的海洋生态环
境破坏和海洋环境污染等问题。

### 4. 转变海洋经济发展模式

改革开放以来,尽管我国海洋经济取得了骄人成绩,但是依然
存在海洋资源利用率较低、海洋高科技研究较为薄弱等现象,我国
离成为海洋经济强国还有一段距离。在新的时代背景下,传统海

洋经济发展模式已经跟不上世界海洋经济发展的步伐。党的十八大以来,以习近平为核心的党中央围绕我国海洋经济发展的模式、手段以及目标作了重要阐述。一方面,海洋经济是实现海洋强国的基本条件之一。为了突出发展海洋经济在海洋强国中的重要性,十九大报告在第五部分"建设现代化经济体系"中提出"坚持陆海统筹,加快建设海洋强国",表明了"发达的海洋经济是建设海洋强国的重要支撑"。[1]海洋强国的基本条件之一就是海洋经济要高度发达且在经济总量中的比重和对经济增长的贡献率较高。另一方面,要转变我国海洋经济的发展模式,"要提高海洋资源开发能力,着力推动海洋经济向质量效益型转变"[2]。过去我国海洋高附加值产业发展、海洋资源利用率、海洋高科技研究等方面较为薄弱,这些局限性使得"中国最多只能称为海洋经济大国而不是海洋经济强国"[3]。因此,提升海洋经济的质量效益理当成为海洋经济发展的重要模式。再一方面,拓展发展海洋经济依靠的手段。一是要提高海洋开发能力,扩大海洋开发领域,让海洋经济成为新的增长点;二是要加强海洋产业规划和指导,优化海洋产业结构,提高海洋经济增长质量,培育壮大海洋战略性新兴产业,提高海洋产业对经济增长的贡献率;三是要依靠海洋科技的发展,尤其要推进海洋经济转型过程中急需的核心技术和关键共性技术的研究开发。[4]最后,发展海洋经济的最高目标是使海洋产业成为国民经济的支柱产业。在新的海洋经济战略的指引下,我国海洋经济发展取得了新的进展。《中国海洋发展报告 2018》显示,我国海洋经济

①②④ 习近平:"在中共中央政治局第八次集体学习时的讲话",人民日报,2013年8月1日。

③ 石家铸:《海权与中国》,上海:上海三联书店,2008 年版,第 186 页。

运行总体平稳,海洋经济转型升级步伐加快,区域海洋经济平稳发展,海洋经济增长对沿海民生改善贡献突出,涉海工业企业经营总体呈现向好态势,重点监测涉海产品进口贸易呈现增长。2017年全国海洋生产总值77 611亿元,比上年增长6.9%。①2018年,我国海洋经济总量达83 415亿元,同比增长6.7%。海洋生产总值占国内生产总值的9.3%。②为了保持这一增长速度,中国还需要加大与其他海洋国家的合作,借鉴他国经验,充分利用世界海洋资源,最终从海洋经济大国发展为海洋经济强国。在看到我国海洋经济取得发展的同时,也不能忽视其存在的问题,主要表现在:海洋开发利用能力有待提高;部分海洋产业研发设计和创新能力较弱,缺乏核心技术支撑,新兴技术产业转化率较低。因此未来必须在推进海洋领域供给侧结构性改革、提升海洋资源有效供给能力、提升海洋产业创新驱动能力、深化涉海金融的发展以及推进蓝色经济国际合作等方面作出努力。③

在发展海洋经济的同时,要注意对海洋生态环境的保护,习近平指出:"要保护海洋生态环境,着力推动海洋开发方式向循环利用型转变。要下决心采取措施,全力遏制海洋生态环境不断恶化趋势,让我国海洋生态环境有一个明显改观,让人民群众吃上绿色、安全、放心的海产品,享受到碧海蓝天、洁净沙滩。"④《国家海

---

① 国家海洋局海洋发展战略研究课题组:《中国海洋发展报告》(2018),北京:海洋出版社,2018年版,第86页。

② 《中国海洋经济发展报告2019》发布[EB/OL],http://zcl.just.edu.cn/2019/1021/c3210a255799/page.htm。

③ 国家海洋局海洋发展战略研究课题组:《中国海洋发展报告》(2018),北京:海洋出版社,2018年版,第103页。

④ 习近平:"在中共中央政治局第八次集体学习时的讲话",人民日报,2013年8月1日。

洋局海洋生态文明建设实施方案(2015～2020 年)》《关于全面建立实施海洋生态红线制度的意见》《全国海洋主体功能区规划》等文件的出台,为海洋环境保护奠定了坚实的基础。

**(三) 建设一支强大的海上力量**

"一个国家的海洋力量,包括海军、运输船队、渔船队、海洋工程技术队伍和科学考察团等"①,民国时期的海上力量总体而言仍然薄弱,新中国成立后,就是基于这一基础逐渐加强海洋力量的建设。新中国成立以来中国认识到海上军事力量和非军事力量是海上力量不可分割的整体,在加快建设海上军事力量的同时兼顾非军事力量的建设,使得二者得到同步发展和相互促进。

*1. 海上军事力量建设*

海上力量是实现海权的重要保障,海军又是海上力量的核心。关于如何建设中国海军,必须有支持并统领海军建设的中心力量、详密的建设计划、充足的建设经费、扩大海军建设宣传、建立正确引导海军建设的理论。②新中国成立以来,由于国内外形势的变化,不同历史阶段军队承担的历史使命各异,使得海军建设目标、手段、任务在不同阶段也随之发生变化,因为作为海上力量主要工具的海军"应当如何行事、秉持何种信条、部署何种舰船、如何战斗均由与国家需求相关的实际政治军事选择而定。这些选择要基于国家目标、感知到的威胁、海上机会、技术能力、实际经验,以及最重要的,海军如何自我定位和如何界定其战争的方式"③。

---

① 刘华清:"建设一支强大海军、发展我国海洋事业",人民日报,1984 年 11 月 24 日。

② 翁军、马骏杰:《民国时期中国海军论集》,济南:山东画报出版社,2014 年版,第 299 页。

③ 〔美〕乔治·贝尔:《美国海权百年:1890—1990 年的美国海军》,吴征宇译,北京:人民出版社,2014 年版,第 1 页。

第一,建立一支抵御侵略的人民海军。民国时期,海防方面并未解决有海无防的局面。新中国成立后,面临严峻的国际形势和国民党反攻大陆的国内军事威胁,海防问题依然十分严峻。为了应对国内外敌对势力对中国海域的双重威胁,毛泽东把比喻为建设"海上长城"的海军建设作为国防建设的重点,"中国必须建立强大的国防军,必须建立强大的经济力量,这是两件大事"①。1949年4月23日中国海军的成立,改变了近代以来中国海域任由外来势力横行的局面,为维护中国周边地区安全确立了军事保障。毛泽东提出,"我们将不但有一个强大的陆军,而且有一个强大的空军和一个强大的海军"②,并就海军建设的必要性、任务、地位以及发展规划作了论述。首先,就海军建设必要性而言,毛泽东指出,"有海就要有海军。过去我们有海无防,受人欺侮。我们把海军搞起来,就不怕帝国主义欺侮了。再说,我们要解放台湾,也要有海军。海军一定要搞,没有海军不行。"③这一目标决定了人民海军的性质是防御性的。其次,就海军所承担的具体任务而言,一是要承担收复台湾的任务,毛泽东认为,我们缺乏在水里打仗的经验,唯有建立强大的海、空两军才能收复台湾,"我们要搞海军、空军。台湾能不能收复? 我想是能够收复的。海、空两军搞强大起来了,就能够收复台湾。"④二是要能够抵御帝国主义从海上而来的侵略。毛泽东认为鸦片战争以来的外敌入侵都是从海上打进来的。

---

① 《毛泽东军事文集》(第六卷),北京:军事科学出版社、中央文献出版社,1993年版,第103页。

② 《毛泽东军事文集》(第六卷),北京:军事科学出版社、中央文献出版社,1993年版,第4页。

③ 《肖劲光回忆录》(续集),北京:解放军出版社,1989年版,第2页。

④ 中共中央文献研究室:《毛泽东年谱》(二),北京:中央文献出版社,2013年版,第268页。

中国一败再败的原因就在于缺乏强大海军而导致有海无防。①在为《人民海军报》题词时,毛泽东提出要建设一支能保卫海防和有效地防御外敌侵略的海军。②周恩来也指出"要有足以保卫我国领土完整、领空领海不受侵犯的强大陆军、空军和海军"③。三是要肩负起为发展海洋经济保驾护航的重任。毛泽东认为发展海洋经济必须要有强大的海军作坚强后盾,否则太平洋和台湾海峡不会有和平,中国也很难发展对外贸易,这表明了中国海军"明显具有承担非传统任务的意愿,这是一个重要转向,预示着中国日渐增强的海上能力的信心"④。再次,就海军地位而言,海军应该是一个战略决策机构和独立的军种,要单独成立司令部。最后,毛泽东制定了海军发展的规划,海军建设要根据工业和财政的情况有计划地建设,⑤坚持先艇后舰的建设方针。⑥毛泽东指出,"现在我们能造什么? 能造桌子椅子,能造茶碗茶壶,能种粮食,还能磨成面粉,还能造纸,但是,一辆汽车、一架飞机、一辆拖拉机都不能造。"⑦因此海军建设要符合客观实际,毛泽东根据我国财政不富裕和技术不发达的实际情况,提出了海军建设的近期、中期和远期的规划,包括肃清海匪、保障海道运输安全等近期目标、完成祖国统一大业

---

① 吴殿卿:"毛泽东关心海军建设纪事",中国国防报,2003 年 12 月 23 日。

② 《毛泽东军事文集》(第六卷),北京:军事科学出版社、中央文献出版社,1993年版,第 67 页。

③ 中共中央文献研究室:《建国以来重要文献选编》(第五册),北京:中央文献出版社,2011 年版,第 527 页。

④ [美]吉原恒淑、[美]詹姆斯·霍姆斯:《红星照耀太平洋》,钟飞腾等译,北京:社会科学文献出版社,2014 年版,第 34 页。

⑤ 《毛泽东军事文集》(第六卷),北京:军事科学出版社、中央文献出版社,1993年版,第 326 页。

⑥ 中共中央文献研究室:《毛泽东年谱》(二),北京:中央文献出版社,2013 年版,第 264 页。

⑦ 《毛泽东文集》(第六卷),北京:人民出版社,1999 年版,第 329 页。

的中期目标以及建立与海洋大国相适应的强大海军的远期目标。总之,新中国成立后的海军建设规划,符合当时中国的具体国情,目标明确,落实到位,超越了自鸦片战争以降不同时期海军建设的局限,为海军建设指明了方向。海军建设也因此取得了一系列进展。在海军学校建设方面,先后建成了鱼雷学校、机械学院、潜艇学校、快艇学校等。在部队组建方面,先后组建了护卫舰队、海军航空兵部队、潜艇部队、东海舰队、南海舰队等。在基地建设方面,先后成立了青岛海军基地和旅顺海军基地。就海军建设的学习对象而言,毛泽东提出向苏联海军学习。在 1950 年 8 月召开的海军建军会议号召全体指战员向苏联海军学习,之所以选择苏联海军而非英美海军为学习对象,是因为中苏海军具有共同的意识形态属性和阶级属性,共同面临着帝国主义的侵略,苏联海军既有政治上的正确性又有技术上的先进性。①

1949 年 11 月,组建了第一支护卫舰队。1950 年 8 月成立了鱼雷学校,9 月在青岛成立海军基地,组建了第一支海岸炮兵部队。1955 年 4 月,在旅顺成立海军基地。作为中国人民解放军高技术兵种之一的人民海军,在保卫国家领海安全方面发挥了重要作用。

第二,建设一支具有现代化作战能力以担负近海防御的海军。按照美国政治地理学家索尔·科恩的说法,"中国海军处于劣势地位的近代历史,加上苏联的解体和北方边界陆地威胁的终结,激发了北京集中精力打造海军,扩展其海上影响"②。美国学者亨廷顿指出,80 年代末中国对军事战略进行了重新调整,"从打防御苏联

① 《肖劲光回忆录》(续集),北京:解放军出版社,1989 年版,第 41—42 页。
② [美]索尔·科恩:《地缘政治学:国际关系的地理学》,严春松译,上海:上海社会科学院出版社,2011 年版,第 262 页。

入侵的大仗转变为以远距离投放兵力为重点的区域性战略。与这种转变相适应,中国开始发展海军力量"①。这种转变要求中国必须彻底重新思考海军在未来的作用。面对日趋复杂的国际海洋战略环境,只有建设一支精干顶用的海军才能维护国防安全、领土完整和海洋权益。在新的形势下,邓小平提出了海军建设的战略目标和具体方针,加快了我国海军质量建设的步伐。

首先,定位海军建设战略目标。近代中国海军的主要目标是加强海防。新中国成立后,毛泽东对海军目标的定位是,"这支海军要能保卫我们的海防,有效地防御帝国主义的可能的侵略"②。邓小平贯彻了毛泽东建设强大海军的号召,并于1975年6月26日视察海军106舰为海军题词时指出:"坚决贯彻执行毛主席的伟大号召,为建设一支强大的海军而努力奋斗"。一方面,海军的根本目标就是为了实现"近海防御"。邓小平认为,"我们的战略是近海作战。我们不像霸权主义那样到处伸手。我们建设海军基本上是防御,面临霸权主义强大的海军,没有适当的力量也不行。"③1977年9月,邓小平在会见菲律宾军事代表团时指出,"我们要发展海军,但是为了防御,不是为了扩张……做好反侵略准备"④。1979年4月3日邓小平听取海军领导汇报时再次强调,"我们的海军,应当是近海作战,是防御性的。海军建设,一切要服

① [美]塞缪尔·亨廷顿:《文明的冲突与世界秩序的重建》,周琪等译,北京:新华出版社,2002年版,第256页。
② 《毛泽东军事文集》(第六卷),北京:军事科学出版社、中央文献出版社,1993年版,第67页。
③ 《邓小平军事文集》(第三卷),北京:军事科学出版社,中央文献出版社,2004年版,第161页。
④ 冷溶:《邓小平年谱》(1975—1997),北京:中央文献出版社,2004年版,第208页。

从这个方针"①。海军的战略防御性质永远不变,就是将来海军现代化了,也还是战略防御,海军不向全球伸手,永远不称霸,"我们的海军不准备发展得太大,主要是用于防御。我们不会到国外去侵占别人的地方,也不需要在世界上建立什么基地,不搞霸权主义,只要有自己的防御力量就够了"②。另一方面,海军实行积极的"近海防御"。邓小平指出,"我赞成就是'积极防御'四个字。积极防御本身就不只是一个防御,防御中有进攻。既然是积极防御,本身就包括持久作战"③。近代以降,中国海军主要采取消极防御战略,邓小平提出的海军从消极防御向积极防御的方针转变,是对传统中国海军防御战略的突破,具有十分重要的意义,因为"中国传统海军失败的关键原因就是实行消极防御、要塞防御、依托岸防等保守主义的海军发展模式,没有从根本上确立海权思想"④。海军除了要实现战略防御目标外,当时亟需海军承担保障中国海上运输线的安全以及保护有争议海域勘探的功能,但是在考虑应对这些新挑战时,"邓小平却要求有所节制"⑤,以确保海军战略防御的根本任务不动摇。总之,中国实现了防御范围从建国后海军"近岸防御"向"近海防御""消极防御"向"积极防御"的转变。海军的主要任务由反侵略战争转变为维护海洋权益和领土完整,预防海

---

① 杨怀庆:《邓小平同志与海军现代化建设,回忆邓小平》(中),北京:中央文献出版社,1998 年版,第 443 页。

② 冷溶:《邓小平年谱》(1975—1997),北京:中央文献出版社,2004 年版,第514 页。

③ 《邓小平军事文集》(第三卷),北京:军事科学出版社,中央文献出版社,2004年版,第 177 页。

④ 石家铸:《海权与中国》,上海:上海三联书店,2008 年版,第 3 页。

⑤ 《刘华清回忆录》,北京:解放军出版社,2004 年版,第 437—439 页。

上入侵和海上局部战争。①无论是近岸防御还是近海防御,"都反映了中国的海权是防御性陆权在海上延伸而已"②。当今世界海洋权益斗争日趋激烈,新的背景下我们必须用发展的眼光来理解和吸纳邓小平近海防御战略的启示意义。

其次,大力加强海军质量建设。海军战略目标既然定位于近海防御,那么就要"建立一支强大的具有现代战斗能力的海军"③。海军要具备现代战斗能力,必须要精干、顶用。顶用是海军建设的目的,要实现海军现代化,具备与现代海上局部战争相适应的作战能力。针对过去海军建设只讲数量不讲质量的局面,邓小平指出,海军要"讲质量,讲真正的战斗力,搞少而精的真正顶用的。每一艘战斗舰包括辅助舰艇都要顶用。你们也要有一个章程,起码百分之八十顶用吧。不从这方面着手,国家浪费,而且把风气搞坏了。舰艇的在航率那么低,这个作风就很不好,讲作风首先是讲这个。……有些舰艇我是没有看过,听说很漂亮。只看表面不行,要看实战能力"④。海军的装备、规划要从这点出发,"反正是要顶用的"⑤。精干是指海军建设的规模,要求海军结构合理,装备精良,人员素质高。从海军整体规模上而言,相比于新中国成立后的海军建设而言,海军建设"要搞大一点,要加强,要有一点力

① [美]傅高义:《邓小平时代》,冯克利译,北京:生活·读书·新知三联书店,2013年版,第525页。

② 倪乐雄:《文明的转型与中国海权》,北京:新华出版社,2010年版,第114页。

③ 《邓小平军事文集》(第三卷),北京:军事科学出版社,中央文献出版社,2004年版,第163页。

④ 《邓小平军事文集》(第三卷),北京:军事科学出版社,中央文献出版社,2004年版,第161页。

⑤ 杨怀庆:《邓小平同志与海军现代化建设,回忆邓小平》(中),北京:中央文献出版社,1998年版,第443页。

量才行"①。既要扩大规模又要精干,就要在保持数量基础上提升质量。总之,邓小平注重海军质量的发展方针紧随了世界海军现代化发展步伐,是对传统人民战争思想的调整,"将毛泽东在 30 多年前提出的关于建立强大海军的长远目标具体化"②。再次,整顿海军。邓小平把当时军队的状况概括为"三种状况"和"五个字","三种状况:软、懒、散;五个字:肿、散、骄、奢、惰"③。海军也存在不强且臃肿的情况,邓小平提出通过减少不必要的非战斗人员、减少统率机构和指挥机构人员来实现海军的精干,再通过"三查三整"逐步实现指挥系统的现代化。同时,加强了海军军事训练和演习,以确保精简后的军队战斗力。邓小平在海军建设上做出了重要贡献,"给接班人留下了一支规模更小、教育水平更高、对现代战争的要求理解更深刻的军队"④,使得中国海军有了强大的经济与技术基础。从 20 世纪 80 年代开始,"中国海军已经逐渐走出'浅海',走进'深海',过去十年迈进海洋的旅程达到了之前 30 年的 30 倍"⑤。"在 20 世纪 80 年代到 90 年代初期,大多数国家都大力发展海军,并向'蓝水海军'的目标进发。在这种国际背景下,亚洲各国为了实现建设'蓝水海军'的目标,一方面大量购买设备,扶植国内海洋产业的发展,另一方面则制定了全方位的海洋战略,为争

---

① 《邓小平军事文集》(第三卷),北京:军事科学出版社,中央文献出版社,2004 年版,第 160 页。

② 李铁民:《邓小平海军建设思想研究》,北京:国防大学出版社,1997 年版,第 53 页。

③ 《邓小平军事文集》(第三卷),北京:军事科学出版社,中央文献出版社,2004 年版,第 104 页。

④ [美]傅高义:《邓小平时代》,冯克利译,北京:生活·读书·新知三联书店,2013 年版,第 531 页。

⑤ [德]乔尔根·舒尔茨、[德]维尔弗雷德·A.赫尔曼、[德]汉斯-弗兰克·塞勒:《亚洲海洋战略》,鞠海龙等译,北京:人民出版社,2014 年版,第 157 页。

夺海洋资源的斗争"①,中国海军建设顺应了这一时期世界海军快速发展的潮流。

第三,建设与新阶段历史使命要求相适应的现代化海军。冷战结束后,知识经济浪潮与高新技术革命使得世界海洋事业的发展发生了深刻变革,在此背景下,江泽民阐明了国家富强、海洋权益维护及海军建设三者之间的关系,为跨世纪的海军发展指出了明确方向。②江泽民在党的十四大报告中指出,"今后军队要努力适应现代战争的需要,注重质量建设,全面增强战斗力,更好地担负起保卫国家领土、领空、领海主权和海洋权益,维护祖国统一和安全的神圣使命。"③军队在新时期的战略任务就是"保卫国家领土主权和海洋权益,维护祖国统一和社会稳定,为改革开放和现代化建设提供强有力的安全保证"④。继续实行积极防御的军事战略方针,"从根本上讲,是由我们的社会主义制度、社会主义国家的性质决定的。我们对外不搞侵略,也不去控制别的国家"⑤。就海军发展的重要意义而言:一方面,各国围绕海洋的政治斗争进一步加剧,世界新军事变革突飞猛进,为了适应未来战争需要,必须加快海军现代化建设步伐以提升近海综合作战能力;另一方面,美国对"台独"的支持严重威胁到中国的统一,加快海军建设也是为了促进中国统一大业的完成;再一方面,随着中国对外经济联系的增多,迫切需要建设强大的海军维护中国海上贸易通道,从某种意义

---

① 〔德〕乔尔根·舒尔茨、〔德〕维尔弗雷德·A.赫尔曼、〔德〕汉斯-弗兰克·塞勒:《亚洲海洋战略》,鞠海龙等译,北京:人民出版社,2014年版,第3页。

② 刘中民:《世界海洋政治与中国海洋发展战略》,北京:时事出版社,2009年版,第390页。

③ 《江泽民文选》(第一卷),北京:人民出版社,2006年版,第240页。

④ 《江泽民文选》(第一卷),北京:人民出版社,2006年版,第290页。

⑤ 《江泽民文选》(第一卷),北京:人民出版社,2006年版,第144页。

上可以说,"中国海军的现代化在很大程度上是对海上贸易通道存在安全风险的被动反应"①。

　　胡锦涛提出海军建设目标必须与新世纪新阶段历史使命要求相适应,既要为国家利益向海洋空间拓展保驾护航,也要为促进国际安全提供人道主义救援、打击海盗等"公共产品","推动建设和谐海洋,是建设持久和平、共同繁荣的和谐世界的重要组成部分,是世界各国人民的美好愿望和共同追求。加强各国海军之间的交流,开展国际海上安全合作,对建设和谐海洋具有意义"②。为了提升海军"远海防卫"能力,必须加快海军建设。海军建设要推动海军作战方式、管理制度及力量结构等方面的转型,提升海上局部战争和完成多样化军事任务的能力,要把由近海防御转向远海联合作战作为建设重点。胡锦涛强调,要毫不松懈地推进军事斗争准备,加快推进海军建设,提高海军全面履行使命任务的军事能力。要进一步强化机遇意识,拓宽战略视野,坚持解放思想,坚持改革创新,坚持科学发展,以提高打赢信息化条件下海上局部战争能力为核心,不断增强应对多种安全威胁、完成多样化军事任务的能力,"要进一步深化海军改革,按照军委关于国防和军队改革的统一部署,结合海军部队实际,认真搞好海军改革的研究论证和总体设计,努力形成有利于海军科学发展、充满生机和活力的体制机制。要继续深入研究新形势下加强海军正规化建设的特点和规律,坚持依法治军、从严治军,严格落实条令条例和规章制度,始终保持部队正规的战备、训练、工作和生活秩序。要牢固树立安全发展理念,加强科学管理,遵循战斗力的生成规律抓建设、抓训练、抓

---

①　刘新华:"美国学术界关于中国海权问题的研究",《美国研究》,2014年第2期。

②　"胡锦涛会见参加中国海军成立60周年庆典活动的29国海军代表团团长上的讲话",《人民日报》,2009年4月24日。

保障,推动部队建设科学发展。推进海军建设,要坚持人才建设先行。尤其要大力抓好信息化人才、指挥人才和专业技术人才的选拔培养,为海军建设提供有力的人才和智力支持。"①这一时期海军发展取得了诸多进步。例如,2001年8月我国海军舰艇编队首次出访欧洲德国、英国、法国和意大利四国。2002年5月,中国海军环球航行舰艇编队跨越5大洲,穿越3大洋,对10个国家的10个港口进行了友好访问。2003年10月,中国海军首次与外国海军在上海长江口水域举行了联合演习,中国和巴基斯坦海军联合演练了海上搜救。

第四,建设一支为实现中国梦提供力量支持的海军。新时代海军建设的战略目标是为建设海洋强国和实现中国梦、强军梦提供力量支撑和战略支撑。海军必须有能力维护国家主权、领土完整及海洋权益。习近平提出了政治建军、改革强军、科技兴军、依法治军的新时代强军思想。

首先,定位海军建设的战略目标。海军是国家海权的核心组成部分,在新的历史阶段需要根据新的历史使命而定位其战略目标。党的十九大报告指出,实现中华民族伟大复兴是近代以来中华民族最伟大的梦想,而建设海洋强国又是实现这一梦想的必然选择。因此,为建设海洋强国和实现中国梦提供力量支撑和战略支撑理当成为海军建设的战略目标。习近平指出,"努力建设一支强大的现代化海军,为实现中国梦强军梦提供坚强力量支撑","建设强大的现代化海军是建设世界一流军队的重要标志,是建设海洋强国的战略支撑,是实现中华民族伟大复兴中

---

① "胡锦涛检阅南海舰队强调推进海军建设",http://mil.news.sina.com.cn/p/2008-04-11/0926494739.html。

国梦的重要组成部分"①。2018年4月12日习近平在南海海域海上阅兵讲话中再次强调,建设一支强大的人民海军,寄托着中华民族向海图强的世代夙愿,是实现中华民族伟大复兴的重要保障。②因此,我国海军建设的战略目标是为建设海洋强国和实现中国梦提供力量支撑和战略支撑。为了实现这一目标,要求海军建设必须与国家安全和发展利益相适应,不断提升海军维护国家主权、领土完整及海洋权益的能力。具体而言就是实现近海防御与远海护卫型结合,构建海上作战力量体系,提升战略威慑与反击、海上防御和综合保障能力,为实现国家海洋利益最大化提供保障。

其次,确立海军建设的方针。海军战略目标决定着海军建设的战略方针。习近平在庆祝中国人民解放军建军90周年大会上的讲话时指出,"推进强军事业,必须坚持政治建军、改革强军、科技兴军、依法治军,全面提高国防和军队现代化水平"③。以我党建军治军成功经验为指导,以我国海军发展的战略目标为依据,习近平提出了海军建设方针的具体内涵:一是坚持政治建军方针。要增强"四个意识",坚决维护党中央权威,坚持党对军队绝对领导。要按照军队好干部标准选人用人,培养大批高素质新型军事人才。激发官兵扎根海疆、建功大洋的积极性、主动性、创造性。二是坚持改革强军方针。要做好科学统筹,"统筹机械化和信息化建设,统筹近海和远海力量建设,统筹水面和水下、空中等力量建

---

①　习近平:"努力建设一支强大的现代化海军",http://www.xinhuanet.com/mil/2017-05/24/c_129617945.htm,2017年5月24日。

②　"深入贯彻新时代党的强军思想把人民海军全面建成世界一流海军",《人民日报》,2018年4月13日。

③　《习近平谈治国理政》(第二卷),外文出版社,2017年版,第417页。

设,统筹作战力量和保障力量建设,确保形成体系作战能力"①。
三是科技兴军。要依靠科技创新,"坚持创新驱动,抓住科技创新
这个牛鼻子,强化创新意识,提高创新能力,激发创新活力,厚植创
新潜力,为海军转型建设注入强大动力"②。要重视海军的信息化
建设,"我们应立足于信息化和系统化,建立世界一流的指挥中枢;
并通过信息化、系统化,优化配置,大力提升现有装备的一体化程
度和利用效率"③。四是坚持依法治军方针。"要坚持依法治军,
加快实现治军方式三个根本性转变,确保海军转型建设在法治轨
道上有力有序推进。"④依法从严治军推进了海军治军方式根本性
转变。总之,海军建设既需要坚持以政治建军为立军之本、改革强
军为必由之路、科技兴军为核心驱动、依法治军为重要保障的基本
方针,也要注意海军军种建设的特殊性。在习近平海军建设方针
的指引下我国海军建设取得了重大发展,大批新型武器装备服役,
兵力结构得到优化,完成了护航、撤侨等重大远海任务,海军的战
略威慑和实战能力都得到了大幅度提高,为我国海权发展奠定了
坚实的军事保障基础。

### 2. 海上非军事力量建设

海上力量除了海上军事力量以外,还包括海洋科研力量、海洋
运输力量、港口造船力量、海上执法力量等非军事力量。海上非军
事力量在维护和发展海权方面发挥着越来越重要的作用。

第一,建国初海上非军事力量建设。毛泽东强调,除了海军建设

---

①②④　习近平:"努力建设一支强大的现代化海军",http://www.xinhuanet.
com/mil/2017-05/24/c_129617945.htm,2017 年 5 月 24 日。
③　胡波:《中国海权策:外交、海洋经济及海上力量》,北京:新华出版社,2012 年,
第 225 页。

外,还需大力发展造船业,争取早日建成一支强大的海上力量。①
这支海上力量还包括商船队、捕捞船队、海洋工程船队以及海洋科
考等组成的非军事力量要素。为了更好的开发海洋,尤其需要利
用先进的科学技术查清海洋资源的分布情况以及发现新的海洋矿
产资源。1958 年至 1960 年,组织全国力量进行全国范围的综合
性海洋调查,在黄海、渤海、东海拉开序幕,最后出版了海洋调查报
告和图集。由我国自主设计的"东方红号""实践号"海洋调查船分
别于 1962 年和 1965 年在沪东造船厂开始建造。1976 年 2 月,毛
泽东批准了大洋考察计划,派遣"向阳红五号"轮开赴南太平洋,开
启大洋科考的航程。总之,海洋力量必须是整体性的综合力量,历
史经验也一再表明,商船队和海军都是拓展中国在全球影响力的
模式,"历史上的航海民族,如 19 世纪的英国和 20 世纪的美国都
成功地走了这条道路,这几乎是一种典型的做法"②。在毛泽东建
设海上力量的战略思想指引下,不仅海上军事力量建设开始全面
展开,而且作为海上非军事力量的造船业也迈向一个新台阶,海上
科考实现零的突破,这些都为中国海洋权利的维护和发展奠定了
坚实基础。

　　第二,改革开放后海上非军事力量建设。邓小平积极通过各
种举措加强非军事海上力量的建设,提升海洋开发和利用的能力。
首先,积极推进海洋科学考察。海洋科学考察是认识和开发海洋
的基础,也是一个国家开发利用海洋能力的体现。以邓小平海权
战略思想为指导,以"查清中国海、进军三大洋、登上南极洲"为目

---

① 陆儒德:《毛泽东的海洋强国战略》,北京:海洋出版社,2015 年版,第 483 页。
② [美]戴维·拉盖:"龙头老大的诞生",香港《远东经济评论》周刊,2003 年 9 月
18 日。

标,中国科考队考察了中国的海岸带、大陆架乃至南极。1984年,中国首次考察南极,邓小平为科考队题词,"为人类和平利用南极做出贡献"。1985年到1989年,中国相继在南极建立了长城站和中山站,填补了我国科学事业上的一项空白,为我国和平利用南极造福于全人类奠定了基础。其次,加强对海洋管理和海洋运输业发展。1981年,在邓小平的建议下,国家海洋局从由海军代管回归到由国务院直管,承担起引领海洋经济开发和维持沿海生态环境可持续发展的历史重任。在海洋运输业发展方面,自从1951年与波兰建立第一支远洋船队以来,经过改革开放后的发展,到2002年中国船队总运力已排在世界第五位。再次,积极开发海洋能源和海洋水产。自从1966年在渤海建设第一口油井到2001年为止,中国总共建设了24个海上油田,在建的还有6个。海洋石油产量也迅速发展,仅1980年就达到16.6万吨。另外,海洋渔业也得到充足的发展,到1990年中国超过日本成为世界第一渔业大国,以后渔业产量也连续多年保持世界第一的位置。总之,海洋非军事力量的提升,增强了利用和开发海洋的能力,推动了国民经济的发展,拓展了维护海洋权益的手段,也为海洋军事力量的建设奠定了经济基础。

第三,党的十八大以来海上非军事力量建设。这一时期海上非军事力量建设的步伐加快,主要体现在大力发展海洋科学技术、推进海上行政执法力量建设、提高海洋运输能力等方面。

首先,大力发展海洋科学技术。探索深海科学奥秘和开发海洋资源都离不开海洋科学技术的支撑。在新一轮世界海洋竞争中能否获得话语权和主动权取决于一国海洋科学技术的发展水平。习近平强调,要发展海洋科学技术,尤其是必须大力发展海洋高新技术,着力推动海洋科技向创新引领型转变。一方面,要依靠科技进步和创新,努力突破制约海洋经济发展和海洋生态保护的科技瓶颈。另一方面,要搞好海洋科技创新总体规划,坚持有所为和有所不为,重点在深水、绿色、安全的海洋高技术领域取得突破。①国务院印发的《"十三五"国家科技创新规划》中明确提出发展深海探测、大洋钻探、海底资源开发利用、海上作业保障装备和系统,推动深海空间站、大型浮式结构物开发和工程化以及突破"龙宫一号"深海实验平台建造关键技术难关等战略规划。再一方面,要重视我国深远海技术研究和创新,打造深海研发基地,加快"智慧海洋建设"步伐。海洋科考在发展海洋科学技术中发挥着重要作用。我国"科学号"海洋科考船在对南海成因演化、南海北部冷泉区及冲绳海槽热液区生态系统调查、西太平洋地质、气候及海山环境调查方面取得重大突破。我国新一代具有无限航区及全天候观测能力的海洋综合科考船"向阳红01"船完成环球海洋综合科学考察,这是我国"十三五"期间组织的第一个融合资源、环境、气候等多学科交叉的环球综合考察航次,开启了我国深远海科考的历史新篇章。当然,我们也必须清醒地认识到,与世界海洋强国相比,我国的海洋科技水平还有不小的距离,因此要加大政府财政投入以及引导社会资本对海洋科技的投入,提高海洋科研效率,加快提升我国海洋科技能力和产业水平。总之,党的十八大以来,我国在海洋环境监测、海洋矿产资源勘探、海水淡化与利用、数字海洋、深海关键技术突破、海洋科研平台以及涉海类人才队伍建设等方面取得了重大发展,但是与世界海洋强国的海洋科技水平相比还存在一定的距离,因此要加大政府财政投入以及引导社会资本对海洋科

_____

① 习近平:"在中共中央政治局第八次集体学习时的讲话",《人民日报》,2013 年 8 月 1 日。

技的投入,提高海洋科研效率,加快提升我国海洋科技能力和产业水平。未来中国海洋科技发展的重点是推动海洋科技向创新引领型转变,在深水、绿色、安全的海洋高新技术领域取得突破,注重核心技术和关键性技术的研究开发。[①]

其次,推进海上行政执法力量建设。海上执法是依据相关法律对所属海洋空间内的活动进行管理,包括主权宣示、稽查及护渔等。海上行政执法力量在和平时期的海洋维权中具有独特优势,它既能代表政府行使执法权,又能有效避免直接军事对抗。近些年来在钓鱼岛维权、南海维权等行动中,我国海上行政执法力量成为维护国家岛屿主权和海洋权益的中坚力量。此外,随着全球气候变暖、海上意外事故等非传统安全问题日益凸显,海上行政执法力量在保护海洋生态环境、实施海上人道主义救援等方面发挥的作用也在不断提升。相对于美国和日本拥有的强大的海岸警卫队,中国的海上执法力量还相对薄弱,一直存在着群龙闹海的现象,这种海上执法能力的薄弱与中国海洋事业发展不相称。2013 年,国务院重新组建国家海洋局,国家海洋局以中国海警局名义开展海上维权执法,统一指挥调度海警队伍开展海上维权执法活动。2018 年机构改革中,成立自然资源部,合并国家海洋局的职责。国家海洋局领导管理的海警队伍转隶武警部队,组建中国人民武装警察部队海警总队,管理和指挥体系发生了变化,海警的执法将会聚焦于维护海上治安、打击走私偷渡等,以及部分涉外的行政执法。长期以来中国海洋执法力量存在着分散、重复检查、效率不高的现象,通过机构改革整合了海上执法队伍以解决"五龙治海"的

---

① 国家海洋局海洋发展战略研究课题组:《中国海洋发展报告》(2018),北京:海洋出版社,2018 年版,第 116 页。

问题,提升了海洋执法的效率和能力,为进一步维护海洋权利奠定了基础,"随着执法能力的提升,中国自然会针对其众多的周边国家更为严格地坚持海洋权利要求"①。

再次,提高海洋运输能力。港口码头、造船业及海上船队是海上社会力量重要组成部分,其发展程度如何直接影响到海运能力。港口码头是海运航线的出发点和终点。从经济上看它被视为一个国家走向海洋的依托,从军事上看它是海上力量的"根据地"和"加油站"②。"一带一路"区域合作倡议的实施给我国港口发展带来了新的机遇。要推进港口集群化、智能化、产业化发展,结合港口自身条件对接国家"一带一路"战略。造船业是一个国家走向海洋的基础,近代英国、荷兰等海洋强国都曾经是造船大国。我国应当以创新发展和产业升级为核心,积极推动船舶工业高质量发展,建成规模实力雄厚、创新能力强、质量效益好、结构优化的船舶工业体系。海上商船队是发展海运业的载体。现代化的海上商船队除了担负国际贸易的重任外,还可担负为海上军事行动提供后勤保障等任务,具有经济和军事双重意义,"运输船队不仅是重要的经济手段,而且一旦发生战争它还是海军舰队的重要后备力量"③。另外,民兵渔船在海上维权行动中具有独特作用,是海上社会力量和国家动员体系不可或缺的组成部分。

### 三、海权战略发展的基本原则

新中国 70 年中国特色社会主义现代化建设取得了丰硕成果,

　　① ［美］安德鲁·S.埃里克森、［美］莱尔·J.戈尔茨坦、李楠:《中国、美国与 21 世纪海权》,徐胜等译,北京:海洋出版社,2014 年版,第 112 页。

　　② 张世平:《中国海权》,北京:人民日报出版社,2009 年版,第 178 页。

　　③ ［苏］谢·格·戈尔什科夫:《国家的海上威力》,济司二部译,北京:生活·读书·新知三联书店,1977 年版,第 37 页。

在海权发展方面也在不断主动变革和积极转型，积累了丰富而又宝贵的经验。总结这些经验对于当今我国的海权发展和海洋强国建设具有重大的指导意义。

### （一）始终坚持走和平发展的道路

海权是一个国家利用海洋获得利益的能力，当一国利用海权进行扩张时，海权就成了扩张工具。西方近代以来的大国海权就是利用海权实现其海上霸权的。作为21世纪的中国海权，与西方海权有着根本的区别，中国海权在维护自身核心利益的同时，坚持走和平发展道路，决不重蹈西方近代以来的霸权之路。"中国海权区别于西方海权的特点，赋予了中国海权发展的正当性与合理性。它既非强权也非霸权，也不搞对外扩张与征服，既维护中国的利益，也与世界各国利益具有一致性，与人类利用海洋发展海权的历史大趋势是相符合的，因此它能够在国际上被各国所接受，并能够真正顺利地实现。更进一步讲，中国海权由于有了这些特点和合理正当性，保证中国海权的发展道路是和平的，将不会重复历史上一些大国以武力推进海权，并引发战争带来世界动乱，最后自己也遭受打击和削弱的历史老路。中国海权与中国和平发展的总战略是一致的，是中国和平发展的一部分和推动力量，它确保中国拥有和平发展的未来"①。中国的海权发展战略是和平发展战略的重要组成部分，必须以和平发展为大局。在和平与发展成为时代主题的背景下，海洋权益争端呈现出日渐复杂的局面，邓小平顺应和平的大趋势，创造性的提出了"搁置争议，共同开发"的策略，既捍卫了国家利益，又为中国赢得了发展的和平环境。20世纪90年代到21世纪初，江泽民、胡锦涛面临美国在南海和钓鱼岛制造矛

---

① 石家铸：《海权与中国》，上海：上海三联书店，2008年版，第302页。

盾、中日海上岛屿争端、中菲南海争端等诸多问题,坚持通过和平方式捍卫海权。胡锦涛提出建设和谐海洋促进了和谐世界的建设。习近平明确表示,中国将继续用和平方式解决海洋争端问题,奉行互利共赢战略,走和平发展道路。[①]坚持走和平发展道路表明中国不再重复西方近代以来的海上霸权之路,但是底线是不能牺牲国家核心利益,应当持辩证的观点来对待。总之,把促进和平发展作为中国海权发展的战略目标是改革开放以来中国海权发展一贯坚持的原则,世界和平为中国海权发展营造了良好的外部环境,中国海权的发展又进一步促进了世界和平。

### (二) 始终奉行合作共赢的发展模式

和平发展的总原则要求各国在经济上相互合作,推动经济朝共赢方向发展。就海权发展的合作共赢而言,所谓合作是指中国与他国在处理双边海权关系以及地区海权问题上进行合作;所谓共赢是指各国通过海洋事业的发展获得利益。合作共赢成为各国开发利用海洋的必由之路,合作带来发展,争夺带来灾难。合作共赢的前提是有效处理海洋争端。在面对海洋争端问题,邓小平提出了"搁置争议,共同开发"的原则为中国争取海洋权益提供了新的思路,创造了和平稳定的海洋战略环境。以江泽民为核心的党的第三代领导集体、以胡锦涛为核心的党的第四代领导集体也根据不同时期的任务继承和发展了"搁置争议,共同开发"的思想。习近平指出,21世纪是人类进入了大规模开发利用海洋的时期,在此过程中,中国应当走合作共赢方式,争取更大的海洋权益,因为合作共赢既是人类开发利用海洋的最佳模式也是世界海洋政治

---

① 习近平:"积极树立亚洲安全观　共创安全合作新局面——在亚洲相互协作与信任措施会议第四次峰会上的讲话",《人民日报》,2014年5月22日。

发展的必然要求。同时,习近平还倡导"人类命运共同体意识",实现中国利益与他国利益共同发展,人类命运共同体的理念体现在海洋事业的发展上,就是通过合作共赢以达到共同发展的目的。"海上丝绸之路"的建设正是体现了 21 世纪海洋合作的新理念,这一新的合作共赢模式开创了可持续发展的新型海洋文明,实现了"大家一起发展"与"可持续发展"的发展目标,"大家一起发展才是真发展,可持续发展才是好发展,要实现这一目标,就应该秉承开放精神,推进互帮互助、互惠互利"。①

## (三) 始终坚持海洋开发和保护并重的利用原则

世界各国通过领海、大陆架和专属经济区的划分以获得更多开发利用海洋权益是其追求海权的主要目的。海洋生态环境是海洋生物生存的基本条件,海洋生态环境的改变会导致海洋生态系统的变化。海洋生态平衡的破坏除了自然本身的破坏以外,主要来自人类的破坏,包括对海洋生物资源的过度开发利用以及海域污染等。要想实现海洋资源的可持续利用就必须加强对海洋生态的保护。1999 年 12 月 25 日修订通过了旨在保护海洋环境和海洋资源、维护生态平衡的《中华人民共和国海洋环境保护法》。2001 年 3 月 11 日,江泽民在中央人口资源环境工作座谈会上强调要处理好资源保护与经济发展的关系,要加强海洋资源综合管理,强化对海洋环境的保护。胡锦涛在十八大报告中指出,生态文明建设关系到民族未来,在发展海洋经济的同时,必须保护海洋生态环境。当前我国进入加快建设海洋强国的阶段,海洋强国包括海洋开发能力的提高以及海洋生态文明的建设。习近平强调要协调好开发利用海洋和保护好海洋生态环境的关系,做到

---

① 《习近平谈治国理政》(第二卷),北京:外文出版社,2017 年版,第 524 页。

开发利用与保护并重，推动海洋开发方式向循环利用型转变。具体做法包括：一方面必须在海洋开发总布局中建设海洋生态文明，既要防治污染，又要做好生态修复。①另一方面要从源头上控制陆源污染向水体排放，建设海洋自然保护区。改革开放以来，尽管会存在因为强调经济发展而在海洋的开发和利用过程中重开发轻保护的现象，但是海洋开发与保护并重作为总原则从来没有变过。

**（四）始终坚持海上军事力量与非军事力量的齐头共建**

"一个国家的海洋力量，包括海军、运输船队、渔船队、海洋工程技术队伍和科学考察团等"②。改革开放以来中国认识到海上军事力量和非军事力量是海上力量不可分割的整体，在加快建设海上军事力量的同时兼顾非军事力量的建设，使得二者得到同步发展和相互促进。就海上军事力量建设而言，我国当前海洋安全形势发生了新的重大变化，海洋权益的维护、台海的统一、岛礁主权争端的解决等安全领域面临着前所未有的挑战。为了应付这些挑战，必须加快海军转型，提高海军的战斗能力，因为"如今的海军舰队与20世纪初存在着本质性差异，其效力不是由武器平台的总和来衡量，而是由整个组织中不同的武器平台之间的协同作用来衡量"③。伴随着我国经济逐步融入世界经济体系，海上贸易通道、海外能源、驻外企业和公民的安全问题变得日益突出，各种护航、维和、护侨等任务也变得日益繁重，对这些问题的解决都离不

①　习近平："在中共中央政治局第八次集体学习时的讲话"，《人民日报》，2013年8月1日。

②　刘华清："建设一支强大海军、发展我国海洋事业"，《人民日报》，1984年11月24日。

③　[德]乔尔根·舒尔茨、[德]维尔弗雷德·A.赫尔曼、[德]汉斯-弗兰克·塞勒：《亚洲海洋战略》，鞠海龙等译，北京：人民出版社，2014年版，第22页。

开强大的海军作为后盾。就海上非军事力量建设而言，主要涉及海洋科研力量、海洋运输力量、港口造船力量、海上执法力量的建设。与世界海洋强国相比，我国的海洋科技水平还有不小的距离，因此要加大政府财政投入以及引导社会资本对海洋科技的投入，提高海洋科研效率，加快提升我国海洋科技能力和产业水平。2018 年机构改革整合了海上执法队伍，解决了"五龙治海"的问题，提升了海洋执法的效率和能力。港口是组成海运业、发展海洋渔业和采矿业必不可少的陆岸条件，是一个国家走向海洋的依托，也是海上力量的"根据地"和"加油站"，是海权的重要组成部分。①因此，要推进港口集群化、智能化、产业化发展，对接国家"一带一路"建设。要以创新发展和产业升级为核心，积极推动船舶工业高质量发展。使得海上商船队除了担负国际贸易的重任外，还要担负为海上军事行动提供后勤保障等任务，发挥其经济和军事双重功能。由此可见，"在和平发展的时代主旋律下，中国要在充满机遇与挑战的 21 世纪，由海洋大国转变为海洋强国，就必须在维护和发展海洋硬实力的基础上，大力培育、提升中国的海洋软实力，将海洋软、硬实力有机结合，只有这样才能走出一条有中国特色的海洋强国之路"②。

总之，民国海权战略成果既为新中国海权战略发展奠定了基础，同时其自身的局限也成为新中国海权发展必须克服的障碍。新中国 70 年海权发展以马克思主义和党的实事求是思想路线为指引，在对国内外形势发展变化做出正确研判的基础上，不断调整海权发展的理念、战略和政策，在海洋权利维护、海洋利益实现及

① 张世平：《中国海权》，北京：人民日报出版社，2009 年版，第 178 页。
② 王琪：《新时代中国海洋软实力研究》，北京：中国社会科学出版社，2020 年版，第 247 页。

海上力量建设方面取得了重大成就,体现了"承前启后,一脉相承;整体布局,重点突出;民生为基,持续发展;内外互动,自主自强"①的特点。海洋权利维护能力得到了大幅度提升,形成了多种手段并行的全方位维权模式。我国海洋经济运行总体平稳并且转型升级步伐加快,2021 年度的海洋生产总值达到 9 万亿元。中国海军在海权战略的指引下进行了战略转型,形成了海上机动作战、基地防御作战和海基自卫反击作战的装备体系。作为非军事力量的海洋管理、科技、运输、造船、执法、补给等力量得到大幅度提升,与海军一起构成强大的海洋综合力量。质而言之,我国海权发展的巨大成就使得我国在海洋空间内的军事、政治、外交和经济等作用和影响的能力得到巨大提升,成为中国特色社会主义事业的重要组成部分,形成的基本经验既为新时代中国海权发展和海洋强国建设指明了方向,也为世界海权发展方向的确立贡献了中国智慧。中国海权战略是海洋战略的重要表现,其理论和实践问题都将在中国和世界的迅速变化中不断发展,"以更宽广的视野、更长远的眼观来思考和把握中国海洋战略问题,不断拓展理论新视野、不断开创实践新境界,这些应该是我们的一种历史责任,也是一种时代担当"②。

---

① 彭克慧:《新中国海洋战略发展史》,北京:人民出版社,2017 年版,第 204—211 页。

② 彭克慧:《新中国海洋战略发展史》,北京:人民出版社,2017 年版,第 2 页。

# 参考文献

## 一、资料

海军司令部《近代中国海军》编辑部:《近代中国海军》,海潮出版社,1994年。

张序三:《海军大辞典》,上海辞书出版社,1993年。

杨志本:《中华民国海军史料》,海洋出版社,1987年。

张侠:《清末海军史料》,海洋出版社,2001年。

陈天锡:《西沙岛东沙岛成案汇编》,商务印书馆,1928年。

姜鸣:《中国近代海军史事编年》,生活·读书·新知三联书店,2017年。

蒋廷黻:《近代中国外交史资料辑要》,湖南教育出版社,2008年。

翁军、马骏杰编:《民国时期中国海军论集》,山东画报出版社,2014年。

翁军、马骏杰编:《民国时期外国海军论集》,山东画报出版社,2015年。

中国社科院近代史所:《孙中山全集》,中华书局,2006年。

李明勋、尤世玮:《张謇全集》,上海辞书出版社,2012年。

高晓星编:《陈绍宽文集》,海潮出版社,1994年。

马骏杰、张伟、陈美慧编:《郭寿生海军研究文集》,山东画报出版社,2017年。

《陈独秀文章选编》,生活·读书·新知三联书店,1984年。

《毛泽东选集》(1—4卷),人民出版社,1991年。

《毛泽东文集》(1—8卷),人民出版社,1999年。

《邓小平文选》(1—3卷),人民出版社,1989年。

《邓小平文集》(上、中、下卷),人民出版社,2014年。

《邓小平军事文集》(1—3卷),军事科学出版社、中央文献出版社,2004年。

《江泽民文选》(1—3卷),人民出版社,2006年。

《胡锦涛文选》(1—3卷),人民出版社,2016年。

《习近平谈治国理政》(1—2卷),外文出版社,2014年。

《习近平谈治国理政》(3卷),外文出版社,2020年。

## 二、著作

陈旭麓:《中国近代史十五讲》,中华书局,2015年。

陈旭麓:《近代中国社会新陈代谢》,上海人民出版社,1992年。

郭廷以:《近代中国史纲》,上海人民出版社,2009年。

李新:《中华民国史》,中华书局,2011年。

冯契:《中国近代哲学的革命进程》,华东师范大学出版社,1997年。

李泽厚:《中国近代思想史论》,天津社会科学院出版社,2003年。

萧公权:《中国政治思想史》,辽宁教育出版社,1998年。

台湾三军大学:《中国历代战争史》,中信出版社,2013年。

马幼垣:《靖海澄疆:中国近代海军史事新诠》,中华书局,2013 年。

姜鸣:《龙旗飘飘的舰队——中国近代海军兴衰史》,生活·读书·新知三联书店,2002 年。

钱穆:《国史大纲》,商务印书馆,1996 年。

唐德刚:《从晚清到民国》,中国文艺出版社,2015 年。

张忠绂:《中华民国外交史》,华文出版社,2011 年。

李振广:《民国外交:亲历者口述实录》,中国大百科全书出版社,2016 年。

李士豪、屈若搴:《中国渔业史》,河南人民出版社,2018 年。

皮明勇:《中国近代军事改革》,解放军出版社,2008 年。

陈书麟、陈贞寿:《中华民国海军通史》,海潮出版社,1993 年。

李强华:《晚清海权战略研究》,海洋出版社,2020 年。

苏小东:《中国海军抗日战史》,人民出版社,2017 年。

马骏杰:《中国海军长江抗战纪实》,山东画报出版社,2013 年。

张文木:《论中国海权》,海洋出版社,2010 年。

师小芹:《论海权与中美关系》,军事科学出版社,2012 年。

胡波:《2049 年的中国海上权力:海洋强国崛起之路》,中国发展出版社,2015 年。

胡波:《中国海权策:外交、海洋经济及海上力量》,新华出版社,2012 年。

胡杰:《海洋战略与不列颠帝国的兴衰》,社会科学文献出版社,2012 年。

沈伟烈主编:《地缘政治学概论》,国防大学出版社,2005 年。

石家铸:《海权与中国》,上海三联书店,2008 年。

张世平:《中国海权》,人民日报出版社,2009 年。

刘中民:《中国近代海防思想史论》,中国海洋大学出版社,2006 年。

张峰:《马克思恩格斯的海权理论与海洋强国建设》,上海人民出版社,2018 年。

倪乐雄:《文明的转型与中国海权》,新华出版社,2010 年。

李义虎:《地缘政治学:二分论及其超越》,北京大学出版社,2007 年。

彭克慧:《新中国海洋战略发展史》,人民出版社,2017 年。

王琪:《新时代中国海洋软实力研究》,中国社会科学出版社,2020 年。

孙学峰:《合法化战略与大国崛起》,社会科学文献出版社,2014 年。

[日]外山三郎:《日本海军史》,龚建国译,解放军出版社,1988 年。

[美]石约翰:《中国革命的历史透视》,王国良译,东方出版中心,1998 年。

[美]阿尔弗雷德·塞耶·马汉:《海权论》,范利鸿译,陕西师范大学出版社,2007 年。

[美]乔治·贝尔:《美国海权百年:1890—1990 年的美国海军》,吴征宇译,人民出版社,2014 年。

[印]雷嘉·莫汉:《中印海洋大战略》,朱宪超译,中国民主法制出版社,2014 年。

[英]朱利安·S.科比特:《海上战略的若干原则》,仇昊译,上海人民出版社,2012 年。

[德]克劳塞维茨:《战争论》,中国人民解放军军事科学院译,商务印书馆,1997 年。

［美］费正清:《剑桥中华民国史(1912—1949)》,中国社会科学院历史研究所编译室译,中国社会科学出版社,1994年。

［英］保罗·肯尼迪:《大国的兴衰》,王保存等译,中信出版社,2013年。

［美］索尔·科恩:《地缘政治学——国际关系的地理学》,严春松译,上海社会科学院出版社,2011年。

［美］约翰·查尔斯·史乐文:《"兴风作浪"政治、宣传与日本帝国海军的崛起(1868—1922)》,刘旭东译,人民出版社,2016年。

［英］安德鲁·兰伯特:《海洋与权力:一部新文明史》,龚昊译,湖南文艺出版社,2021年。

［美］米兰·维戈:《海上战略及制海权理论与实践》,邢焕革等译,电子工业出版社,2021年。

［苏］谢·格·戈尔什科夫:《国家的海上威力》,济司二部译,生活·读书·新知三联书店,1977年。

［英］麦金德:《陆权论》,徐枫译,群言出版社,2017年。

［德］乔尔根·舒尔茨、［德］维尔弗雷德·A.赫尔曼、［德］汉斯-弗兰克·塞勒:《亚洲海洋战略》,鞠海龙等译,人民出版社,2014年。

［英］保罗·肯尼迪:《英国海上主导权的兴衰》,沈志雄译,人民出版社,2014年。

［美］詹姆斯·R.福尔摩斯、［美］安珠·C.温特、［日］吉原恒淑:《印度二十一世纪海军战略》,鞠海龙译,人民出版社,2016年。

［美］约翰·伊肯伯里:《大战胜利之后制度、战略约束与战后秩序重建》,门洪华译,北京大学出版社,2008年。

［美］托马斯·谢林:《军备及其影响》,毛瑞鹏译,上海人民出版社,2017年。

## 三、论文

史春林:"1990 年以来中国近代海权问题研究述评",《史学月刊》,2009 年第 1 期。

史春林:"20 世纪 90 年代以来关于海权概念与内涵研究述评",《中国海洋大学学报(社会科学版)》,2007 年第 2 期。

史春林:"孙中山海权观评析",《福建论坛(人文社会科学版)》,2008 第 3 期。

孙璐:"中国海权内涵探讨",《太平洋学报》,2005 年第 10 期。

黄娟:"中国近代'海权'概念的形成及演变探析",《科学·经济·社会》,2015 年第 2 期。

倪乐雄:"从陆权到海权的历史必然",《世界经济与政治》,2007 年第 11 期。

娄成武、王刚:"海权、海洋权利与海洋权益概念辨析",《中国海洋大学学报(社会科学版)》,2012 年第 5 期。

高月:"近代海权思想浅析",《浙江学刊》,2013 年第 6 期。

李强华:"观念史视角下的中国近代海权观念嬗变",《中国海洋大学学报(社会科学版)》,2018 年第 2 期。

李强华:"晚清海权意识的感性觉醒与理性匮乏:以李鸿章为中心的考察",《广西社会科学》,2011 年第 4 期。

李强华:"地缘政治视角下的孙中山海权思想探析",《太平洋学报》,2011 年第 12 期。

李强华:"历史与现实:中日海权战略之比较",《太平洋学报》,2012 年第 5 期。

李强华:"中国近代海权观嬗变:以《万国公法》传入为中心的考察",《中国海洋大学学报(社会科学版)》,2015 年第 4 期。

马志荣:"海洋意识重塑:中国海权迷失的现代思考",《中国海洋大学学报(社会科学版)》,2007 年第 3 期。

倪乐雄:"文明转型与中国近代海权的困境——难以抗拒的历史性落后",《国际观察》,2013 年第 2 期。

许华:"海权与近代中国的历史命运",《福建论坛(文史哲版)》,1998 年第 5 期。

赵书刚:"孙中山的海权观",《郑州大学学报(哲学社会科学版)》,2015 年第 1 期。

谢茜、夏立平:"孙中山的海权思想刍议",《边界与海洋研究》,2020 年第 3 期。

郭渊:"列强对南海疆域的侵略与晚清政府的海权维护",《中州学刊》,2008 年第 1 期。

刘利民:"清末社会维护领海渔业权活动考察",《晋阳学刊》,2015 年第 4 期。

汤凌飞:"近代中美海权实践之比较研究",《人文杂志》,2013 年第 7 期。

赵建国、夏天:"'渔权即海权':民初报刊的海权观",《新闻春秋》,2019 年第 6 期。

朱大伟:"抗战时期中国知识界的海权与空权论争",《边界与海洋研究》,2017 年第 5 期。

仲华:"1931—1937 年间国民政府海军建设述论",《南京政治学院学报》,2004 年第 5 期。

元青、王建明:"近代中国海军留日教育及其影响",《徐州师范大学学报(哲学社会科学版)》,2006 年第 1 期。

马骏杰:"一二八事变中的中国海军",《抗日战争研究》,2003 年第 1 期。

史滇生："民国海军参加反共内战历史概述"，《军事历史研究》，1991 年第 4 期。

曹敏华："陈绍宽海防思想简论"，《福建论坛（人文社会科学版）》，2003 年第 5 期。

韩真："陈绍宽与国民政府海军部"，《漳州师范学院学报（哲学社会科学版）》，2002 年第 4 期。

高晓星："抗战前南京国民政府的海军经费问题"，《军事历史研究》，1992 年第 1 期。

韩真："民国海军的派系及其形成"，《军事历史研究》，1992 年第 1 期。

黄山松："抗战期间民国海军的整合"，《中共浙江省委党校学报》，2006 年第 6 期。

皮明勇："抗日战争前后中国海军学术述论"，《军事历史研究》，1994 年第 3 期。

皮明勇："民国初年中国海军战略战术理论述论"，《军事历史研究》，1994 年第 2 期。

张晓东："经济转型中的中国海权探索——以国家战略层面为中心"，《亚太安全与海洋研究》，2020 年第 1 期。

朱琴，高兰："去霸权化：海洋命运共同体叙事下新型海权的时代趋势"，《东北亚论坛》，2021 年第 2 期。

刘新华："美国学术界关于中国海权问题的研究"，《美国研究》，2014 年第 2 期。

# 后 记

中共十八大报告提出,提高海洋资源开发能力,发展海洋经济,保护海洋生态环境,坚决维护国家海洋权益,建设海洋强国。中共十九大报告明确提出,坚持陆海统筹,加快建设海洋强国。海洋强国建设的重要组成部分是海权维护和发展,为了更好的加快建设海洋强国,亟需加强对中国海权问题的研究。中国海权问题肇始于鸦片战争以降,近代海权战略经历了一个复杂的嬗变历程,对近代海权战略的总结和反思是中国海权问题研究的重要环节。作为近代中国海权战略嬗变重要一环的民国海权战略,上受晚清海权战略的制约,下对新中国海权战略产生重要影响,其留下的经验教训对当今中国海权战略的制定依然有着重要启示。笔者在结束了对晚清海权战略专题研究之后,把民国海权战略问题拟为下一个研究对象,以期对近代中国海权问题有一个全面的把握,本书即为此项研究的成果。本书的部分章节曾经在不同的刊物上发表,相关文章有:

1.《习近平关于海权发展重要论述的理论渊源、科学内涵及时代特征》,《前沿》,2021 年第 2 期。

2.《民国海军人才危机及其应对方略》,《宁波大学学报(教育科学版)》,2021 年第 6 期。

3.《民国时期海权的认知向度、实践路径及制约因素》,《宁波大学学报(人文科学版)》,2021 年第 6 期。

4.《新中国成立 70 年海权发展历程、经验及未来走向》,《浙江海洋大学学报(人文科学版)》,2022 年第 1 期。

本书承蒙上海三联书店出版社的大力支持才得以顺利出版,郑秀艳编辑为本书的出版付出了很多辛苦,在此深致谢忱。由于作者学历不逮,书中错讹之处在所难免。恳请各位专家、学者和读者诸君批评指正。

李强华

壬寅年夏至于沪上夏涟河畔

**图书在版编目(CIP)数据**

民国海权战略研究/李强华著.—上海:上海三
联书店,2022.11
　ISBN 978 - 7 - 5426 - 7958 - 1

　Ⅰ.①民…　Ⅱ.①李…　Ⅲ.①制海权-海洋战略-研
究-中国-民国　Ⅳ.①E815

中国版本图书馆 CIP 数据核字(2022)第 224419 号


**民国海权战略研究**

著　　者 / 李强华

责任编辑 / 郑秀艳
装帧设计 / 一本好书
监　　制 / 姚　军
责任校对 / 王凌霄

出版发行 / 上海三联书店
　　　　　(200030)中国上海市漕溪北路 331 号 A 座 6 楼
邮　　箱 / sdxsanlian@sina.com
邮购电话 / 021 - 22895540
印　　刷 / 上海惠教印务科技有限公司

版　　次 / 2022 年 11 月第 1 版
印　　次 / 2022 年 11 月第 1 次印刷
开　　本 / 890mm × 1240mm　1/32
字　　数 / 200 千字
印　　张 / 7.375
书　　号 / ISBN 978 - 7 - 5426 - 7958 - 1/K · 703
定　　价 / 48.00 元

敬启读者,如发现本书有印装质量问题,请与印刷厂联系 021 - 63779028